데일 카네기
소통의 기술

지혜의 샘 시리즈 ❸❽
데일 카네기
소통의 기술

초판 1쇄 발행 | 2013년 04월 30일

지은이 | 데일 카네기
옮긴이 | 권오열

발행인 | 김선희 · 대 표 | 김종대
펴낸곳 | 도서출판 매월당
책임편집 | 박옥훈
디자인 | 윤정선
마케터 | 양진철

등록번호 | 388-2006-000018호
등록일 | 2005년 4월 7일
주소 | 경기도 부천시 소사구 송내동 뉴서울아파트 109동 1601호
전화 | 032-666-1130
팩스 | 032-215-1130

ISBN 978-89-98702-04-5 (13320)

· 책값은 뒤표지에 있습니다.
· 잘못된 책은 바꿔드립니다.

지혜의 샘 시리즈 38

데일 카네기
소통의 기술

데일 카네기 지음 | 권오열 옮김

개정판
머리말

 데일 카네기는 1912년에 처음으로 뉴욕 시 125번가에 자리한 YMCA에서 대중연설을 가르치기 시작했다. 그 당시 대중연설은 단순히 기술의 차원을 넘어선 예술로 간주되었고, 그것을 가르치는 것도 웅변가와 말솜씨가 능수능란한 연단의 스타를 길러내는데 목표를 두었다. 한편 자신이 처한 환경에서 그냥 더 쉽고 자신 있게 자기 생각을 표현하는데 관심이 있던 보통의 사업가나 직장인들은 연설의 기법, 발성법, 수사학 원칙, 정형화된 제스처 따위를 배우는데 돈과 시간을 들이고 싶어 하지는 않았다. 데일 카네기의 스피치 강좌가 즉시 성공을 거둔 것은 바로 이런 사람들의 가려운 곳을 긁어 주었기 때문이다. 데일 카네기는 대중연설을 특별한 재능과 소질이 필요한 예술이 아니라, 보통의 지능을 갖춘 사람이면 누구나 습득하고 계발할 수 있는 기술로 보았다.

오늘날 데일 카네기 강좌는 전 세계에서 그 가치를 인정받고 있으며, 그가 제시한 개념의 타당성은 개인적 역량은 물론 말하기 능력을 크게 향상시킨 각계각층의 학생 수천 명이 증명해 준다.

데일 카네기가 자신의 강의 교재로 집필한 《성공대화론 *Public Speaking and Influencing Men in Business*》은 50회 이상 인쇄를 거듭했고 11개 언어로 번역되었으며, 저자 자신의 지식과 경험이 증가함에 따라 몇 차례 개정되었다. 매년 이 책을 이용하는 학생들이 유명대학들의 재학생 수를 합한 것보다 많을 정도이다.

이 책의 4차 개정판은 남편의 기록과 아이디어를 토대로 했다. 제목은 남편이 세상을 떠나기 전에 직접 정해 놓은 것이다. 나는, 효과적인 말하기란 청중에게 '몇 마디 하는 것' 이상으로 개인의 인격을 표현하는 행위라는 남편의 기본 철학을 잊지 않으려고 했다.

사실 우리가 살면서 행하는 모든 활동이 일종의 의사소통이지만, 남과는 다른 나만의 개성은 바로 말을 통해 드러난다. 모든 동물 중에 유독 인간만이 말을 통해 소통하는 능력이 있으며, 바로 이 말하기 능력을 통해 그는 자신의 개성, 곧 그의 본질을 가장 잘 표현할 수 있다. 불안 때문이든, 아니면 소심함이나 불명료한 사고과정 때문이든 자신이 의미하는 바를 분명히 전달하지 못할 때, 그의 개성은 제대로 표현되지 못할 뿐만 아니라 불필요한 오해를 사기 쉽다.

사업적이고 사교적 측면의 만족감과 개인적인 만족감은 상당 부분 남들에게 내가 누구이고 무엇을 원하며 어떤 신념을 갖고 있는지를 명확히 전달할 수 있는 능력에 달려 있다. 그리고 그 어느 때보다 국제적인 긴장, 두려움, 불안정이 심화되고 있는 이 시기에 우리는 사람들 간의 소통 채널을 늘 열어두어야 한다. 부디 이 책이 단순히 더 쉽고 자신 있게 현실적인 일들을 처리하고자 하는 사람들과, 더 깊은 성취감을 원하는 개인이 자신을 좀 더 완전하게 표현하기를 바라는 사람들 모두에게 여러 면에서 유용한 길잡이가 되기를 바란다.

- **도로시 카네기**(데일 카네기 부인)

카네기에게 배우는 소통의 기술

지금까지 나는 카네기의 책을 네 권 접했다. 직접 번역한 것은 이 책까지 세 권이다. 그 과정에서 일관되게 받는 인상은, 카네기가 단순하고 상식적인 것의 중요성을 강조하는 사람이라는 것이다. 그는 상식이 지닌 가치를 꿰뚫어보고 그것이 왜 중요한지를 설득력 있게 전달하는 재주가 참 탁월하다. 카네기의 책이 다 그렇듯이 이 책도 지극히 상식적이고 합리적이며 실용적이다. 그리고 항상 사례들로 뒷받침함으로써 내용과 원칙을 명확하고 재미있고 설득력 있게 전달한다. 그래서 나는 그의 책을 읽을 때마다 실망한 적이 없다.

이 책의 골자를 한 문장으로 정리하면, 타인과 효과적으로 소통하기 위해 가장 중요한 것은 내가 진정으로 믿고 청중에게 정말 전하고 싶고, 경험을 통해서든 깊이 있는 연구를 통해서든 내가 진정으로 아는 것을 진심을 담아 말해야 한다는 것이다. 지극히 옳고 지당한 말씀이다. 이런 당연하고 상식적인 이야기를 어떻게 해야 독자가 머리만이 아닌 가슴으로 받아들이게 할 수 있을까?

카네기 자신이 말하듯이 이 책의 원칙들은 한두 페이지로 요약할 수 있다. 나머지는 그와 관련된 이야기와 사례들이다. 어떤 원칙을 제시한 후 일화와 사례를 통해 그것을 보강하는 것이 카네기의 장기다. 그의 가르침이 재미있고 설득력 있게 들리는 이유도 바로 흥미롭고 인간적 관심을 자극하는 실제 사례들로 이야기를 실감나고 귀에 쏙쏙 들어오게 엮어내기 때문이다. 그가 제시하는 원칙들 자체야 뻔하고 진부하지만, 그에 딸린 실제 인물들의 경험담을 통해 훨씬 호소력 있고 참신한 가르침으로 변모된다. 글에서든 연설에서든 이런 방법은 좀처럼 사람들의 주의를 휘어잡는데 실패하는 법이 없다.

가령, 장거리 여행을 떠나기 전 꼭 자동차를 점검하라는 충고는 지극히 상식적이다. 그래서 단지 내가 점검을 소홀히 해서 사고가 났다고만 말하는 것은 너무 뻔하고 재미도 없으며, 그런 말을 듣고 여행을 떠나기 전 꼭 자동차를 손봐야겠다고 결심하는 사람은 아마 하나도 없을 것이다. 이 당연한 원칙이 정말 중요한 것으로 들는 이의 의식에 각인되게 하려면 구체적이고 생생한 언어로, 아찔했던 사고 순간을 실감나게 재현하고 청중의 눈앞에 사건 현장을 사진을 찍듯 그대로 보여줄 수 있어야 한다. 이것이 카네기의 방식이다.

카네기를 폄하하는 사람들은 그가 단지 빤한 상식과 원칙을 확인하고 확언할 뿐이라고 깎아내리지만, 그 빤한 상식을 실생활에 적용하는 사람은 극히 드문 것이 실상이다. 그리고 카네기의 힘과 매력은, 독자에게 자기는 왜 그 빤한 상식과 원칙을 이제껏 한 번도 행동화시켜본 적이 없었는지를 자문하게 하여 실천 의지를 자극한다는데 있다.

이 책은 대중연설법을 논한다. 혹시 자기는 평생 많은 사람 앞에서 연설할 일은 없을 거라며 이 책을 외면하는 사람이 있을지 모르겠다. 하지만 이것이 단지 연설을 잘하는 데만 쓸모 있는 책이었다면, 그렇게 오랫동안 전 세계에서 그 많은 독자의 사랑을 받지는 못했을 것이다. 사실 연설 훈련을 통해 우리가 배우게 되는 것은 효과적인 의사소통법이다. 여기서 우리는 자기표현 능력이 다른 영역에서의 능력도 높여준다는 사실을 깨닫게 된다. 왜냐하면 스피치 훈련은 일과 삶의 모든 영역에서 자신감을 높일 수 있는 왕도이기 때문이다.

설사 평생 사람들 앞에서 연설할 일이 없다 해도 연

설 훈련을 통해 얻을 수 있는 이익은 아주 많다. 우선, 여러 사람 앞에서 내 생각을 조리 있고 만족스럽게 표현할 수 있는 능력은 두려움을 없애고 자신감을 키워준다. 그래서 저자는 대중연설 훈련이 두려움과 열등감을 극복하고 용기와 자신감을 높이는 최고의 방법이라고 단언한다. 어째서 그럴까?

청중 앞에 서는 일은 우리가 자신의 두려움과 정면 대결하게 만들기 때문이다. 연설공포증을 극복하는 경험을 통해 우리는 다른 두려움과 불안도 쉽게 극복할 수 있고, 전에는 할 수 없던 일도 해낼 수 있음을 알게 되며, 일상적인 문제에도 더 당당하고 확신을 갖고 대응하게 되어 더 풍요롭고 충만한 삶을 살 수 있게 된다는 것이다. 그리고 이것은 자연히 더 자신 있는 개인 간 대화나 토론, 감정의 건강과 마음의 평정, 스스로 생각할 수 있는 능력과 성격의 개선으로 이어진다.

어찌 보면 인간의 삶이란, 누구와 어떻게 어떤 의사소통을 얼마나 많이, 얼마나 깊이 했느냐 하는 것으로 채워진, 의사소통의 내력이라고 해도 과언이 아니다. 인간은 다른 동물과 달리 말을 통해 자신의 개성과 능력과 인격을 드러낸다. 말 잘하는 사람이 성공한다는 말도 있지 않던가? 명확하고 간결하고 차분하고 열정적이고 진실하게 말하는 능력은 가정과 일터에서 대인관계를 더욱 안정시키고 우리에게 돈과 사랑과 존경을 물어다준다. 반면 부실한 소통 능력은 사적인 관계와 가족관계를 어그러뜨리며, 비즈니스 세계에서는 한 사람의 일자리를 잃게 만들거나 한 기업을 파산으로 내몰 수도 있다.

부적절한 말(심지어는 부적절한 방식으로 전달된 적절한 말)이 일으키는 온갖 폐해와 문제를 생각할 때, 소통 능력의 중요성은 아무리 강조해도 지나치지 않다. 따라서 연설 능력이 부족한 이들만이 아니라 전반적으로 소통에 문제가 있는 사람들은 이 책을 통해 적절한 말을 적절한 방식으로 하는 법과 타인과 더 원만한 관계를 형성하는 법을 배우는 것은 물론, 꿈을 실현하고 더 충만한 인생을 살 수 있는 길도 발견하게 될 것이다. 부디 이 책을 읽는 독자는 말을 잘하는 것이 일과 삶에서 성공하는 길일 수 있음을 직접 체험하고 실감하는 주인공이 되기 바란다.

끝으로 좋은 책을 번역할 수 있게 해주신 매월당의 김종대 사장님과 박옥훈 편집장님께 감사드린다.

- 전오열

차례

개정판 머리말 _ 도로시 카네기 Dorothy Carnegie 4
옮긴이 머리말 _ 카네기에게 배우는 소통의 기술 7

제1장 효과적인 말하기의 기본
1. 기본 기술 습득 16
2. 자신감 키우기 42
3. 빠르고 쉽게 익히는 효과적인 연설법 67

제2장 연설·연사·청중
1. 말할 자격을 갖추어라 90
2. 이야기에 생기를 불어넣어라 116
3. 이야기에 청중을 끌어들여라 132

제3장 **준비된 연설과 즉석연설의 목적**
   1. 행동 촉구를 위한 짧은 연설 156
   2. 정보를 제공하는 연설 184
   3. 설득 목적의 연설 209
   4. 즉석연설하기 233

제4장 **소통의 기술**
   1. 전달 기술 250

제5장 **효과적인 말하기의 실제**
   1. 연사 소개, 수상자 소개 및 수상 소감 연설 272
   2. 긴 연설 구성하는 법 295
   3. 배운 것 적용하기 330

제1장

효과적인 말하기의 기본

1 기본 기술 습득

나는 1912년에 대중연설 강좌를 시작했다. 바로 타이타닉 호가 북대서양의 차가운 물속으로 가라앉은 해였다. 그 이후 75만 명 이상이 이 강좌를 수료했다.

첫 수업 전의 시범 강의 때 학생들에게는 그들이 이 강좌에 등록하는 이유와 여기서 뭘 얻고자 하는지를 말할 기회가 주어진다. 당연히 표현 방식은 천차만별이지만, 그 많은 사례에서 공통적으로 나타나는 기본적이고 핵심적인 소망이나 바람은 놀라울 정도로 똑같다.

"자리에서 일어나 연설이나 발표를 해야 할 때면 너무 떨리고 겁에 질려 명료하게 생각할 수도 없고 집중할 수도 없으며, 말하려고 했던 내용을 기억할 수도 없게 됩니다. 그래서 자신감과 평정심, 그리고 스스로 생각할 수 있는 능력을 얻고 싶습니다. 논리정연하게 생각을 전개하고, 비즈니스나 사교 목적의 모임에서 명쾌하고 설득력 있게 말할 수 있으면 좋겠습니다."

많이 들어본 말 같지 않은가? 이와 비슷한 무력감을 느껴보지 않았는가? 약간의 비용으로 여러 사람 앞에서 자신 있고 설득력 있게 말할 수 있는 능력을 사고 싶지 않은가? 아마 틀림없이 그럴 것이다. 이 책을 펼쳐들었다는 사실 자체가 그런 능력을 얻는데 관심이 있음을 보여주는 증거이다.

물론 나는 당신이 무엇을 묻고 싶어 하는지 알고 있다.

"하지만 카네기 선생, 정말 제가 사람들 앞에서 논리 정연하고 유창하게 말할 수 있는 능력을 키울 수 있다고 생각하는 건가요?"

나는 사람들이 두려움을 벗어던지고 용기와 자신감을 갖도록 하는 일에 거의 평생을 바쳤다. 내 수업 중에 일어난 기적 같은 사례들을 다 모으면 책을 여러 권 쓸 수도 있다. 따라서 이것은 내가 어떻게 생각하느냐의 문제가 아니다. 나는 이 책이 제시하는 지침과 제안을 충실히 따르기만 하면 당신도 그런 기적의 주인공이 될 수 있다는 것을 확실히 안다.

도대체 청중 앞에 서서도 앉아 있을 때만큼 제대로 생각하지 못할 이유가 무엇인가? 그들 앞에 섰을 때 안절부절 못 하고 몸을 덜덜 떨어야 할 이유가 있는가? 물론 당신은 이런 증상은 치유 가능하며, 훈련과 연습을 통해 청중공포증을 날려 보내고 자신감을 회복할 수 있음을 알게 될 것이다.

그 목표를 달성하는데 이 책이 도우미가 되어줄 것이다. 이 책은 평범한 교과서가 아니다. 그것은 말하기 방법에 대한 규칙들로 채워져 있지도 않고, 발성과 발음의 생리적인 측면에 주목하지도 않는다. 그것은 성인들에게 효과적인 화술을 지도하면서 보낸 평생의 결과물이다. 또 이 책은 현재 있는 그대로의 당신 모습에서 출발하여 자연스럽게 당신이 되고 싶은 모습을 향해 나아간다. 당신은 그저 적극 협조하여 이 책의 지시를 따르고 그것을 모든 말하기 상황에 적용하며 꾸준히 노력하기만 하면 된다.

이 책을 통해 신속하게 효율적으로 최대한의 효과를 얻는 데는 다음의 네 가지 지침이 유용한 도움이 될 것이다.

1. 타인의 경험을 지지대 삼아라

 타고난 웅변가는 없다. 역사적으로 대중연설이 수사학의 법칙과 미묘한 표현 방식을 충실히 따라야 하는 예술로 간주되었던 시기에는 천부적인 웅변가가 되는 일이 한층 더 어려웠다. 하지만 요즘 우리는 대중연설을 대화의 연장이라고 생각한다. 과장된 표현과 우렁찬 목소리로 좌중을 휘어잡고, 또 그런 방법이 통하던 시대는 이제 영원히 가버렸다. 만찬회나 예배 시간, 또는 텔레비전과 라디오에서 우리가 듣고 싶어 하는 것은 상식적으로 표현되고, 일방적이 아니라 마치 대화하듯 전달되는 쉽고도 솔직한 이야기이다.

 많은 학교 교과서들이 가르치는 것과 달리 대중연설은 다년간 목소리를 다듬고 까다로운 수사학의 규칙과 씨름한 후에야 숙달될 수 있는 폐쇄된 예술이 아니다. 나는 몇 가지 간단하지만 중요한 규칙을 따르기만 하면 대중연설은 그리 어렵지 않다는 사실을 증명하는데 내 교육 인생의 거의 전부를 바쳤다. 그러나 1912년에 뉴욕 시 125번가에 있는 YMCA에서 강의를 시작했을 때, 나는 내 수강생들만큼이나 이 사실에 무지했다. 그 초창기 수업에서 나는 미주리 주 워렌스버그에서 대학 다닐 때 배운 것과 아주 비슷한 내용을 가르쳤다. 하지만 머지않아 내가 잘못된 방향으로 가고 있음을 깨달았다. 비즈니스 세계의 성인들을 마치 대학 신입생 가르치듯 했던 것이다.

나는 그들이 모방할 대상으로 웹스터, 버크, 피트, 오코널 같은 쟁쟁한 웅변가들을 내세우는 것이 무익하다는 것을 알게 되었다. 내 수강생들이 원한 것은 용기 있게 자신의 두 발로 서서 다음 번 업무회의 때 명쾌하고 조리 있게 발표할 수 있는 능력이었다. 나는 곧 교과서들을 집어던지고 바로 연단으로 올라갔으며, 몇 가지 간단한 개념을 이용하여 학생들이 자신 있고 설득력 있게 말할 수 있을 때까지 계속 훈련시켰다. 학생들의 재수강이 거듭되었던 걸 보면 이 방법은 분명 효과가 있었다.

여러분에게 우리 집이나 세계 각지의 우리 교육팀 사무실에 보관되어 있는 수강생들의 편지 파일들을 보여줄 수 있으면 좋겠다. 여기에는 <뉴욕 타임스>와 <월스트리트 저널>의 경제면에서 자주 언급되는 업계의 리더들, 주지사와 국회의원, 대학총장, 연예계 유명 인사들이 보내온 것도 포함되어 있다. 그 외에 가정주부, 성직자, 교사, 자신이 사는 공동체에서조차 아직 이름이 알려지지 않은 청춘 남녀, 경영자와 경영 실습생, 숙련 및 미숙련 노동자, 노동조합원, 대학생, 여성 사업가 등이 보낸 것도 수천 통에 이른다. 이들은 하나같이 대중 앞에서 만족스럽게 자신을 표현할 수 있는 능력과 자신감을 원했고, 이 두 마리 토끼를 모두 잡게 된 것이 너무 고마워 일부러 시간을 내서 내게 감사편지를 쓴 것이다.

내가 가르친 수천 명 중에서 특별히 잊을 수 없는 한 학생이 있다. 당시 나는 그에게 굉장한 감동을 받았다. 수년 전, 성공한 필라델피아의 사업가였던 D. W. 겐트 씨는 내 강의를 들은 직후에 나를 점심 식사에 초대했다. 그는 테이블 너머로 몸을 굽히며 말했다.

"저는 여러 모임에서 연설할 기회가 많지만, 그때마다 어떻게 해서든 피할 구멍을 찾아다녔지요. 하지만 지금 저는 대학 이사회 의장이 되었고, 이젠 도리 없이 회의를 주재할 수밖에 없는 상황입니다. 선생님은 제가 이 나이에도 말하는 법을 배울 수 있으리라 보십니까?"

나는 그와 처지가 비슷했던 내 수강생들과의 경험을 근거로 그가 분명 성공할 것을 의심하지 않는다고 장담했다. 그로부터 약 3년 뒤에 우리는 제조업자 클럽에서 다시 점심 식사 테이블에 앉았다. 우리가 처음 만났던

식당의 바로 그 테이블이었다. 3년 전의 대화를 상기시키며 나는 그에게 내 예측이 맞았는지 물었다. 그는 빙그레 웃으며 주머니에서 붉은색 표지의 작은 수첩을 꺼내더니 다음 몇 개월 동안의 연설 일정 목록을 보여주며 말했다.

"이런 연설을 할 수 있는 능력, 이를 통해 얻는 기쁨, 그리고 지역사회를 위해 할 수 있는 가외의 봉사는 제가 제 인생에서 가장 감사하는 것들에 속합니다."

하지만 이것이 다가 아니었다. 그는 당당한 자부심을 느끼며 비장의 카드를 꺼내들었다. 그가 다니는 교회가 영국의 수상에게 필라델피아에서 열리는 한 집회에서 연설해 줄 것을 청했는데, 미국을 찾을 기회가 많지 않았던 이 유명한 정치인을 소개할 적임자로 선택된 필라델피아인이 다름 아닌 D. W. 겐트 씨였던 것이다. 그는 3년 전쯤에 바로 이 테이블 앞으로 몸을 굽히며 자신이 과연 사람들 앞에서 제대로 말할 수 있겠느냐고 물었던 바로 그 사람이었다.

또 다른 예가 있다. 이제는 작고한 B. F. 굿리치 사의 대표이사 데이비드 M. 굿리치 씨가 어느 날 내 사무실에 찾아와 말했다.

"평생 저는 사람들 앞에서 말을 할 때마다 두려움으

로 몸이 얼어붙었지요. 저는 대표이사로서 회의를 주재해야 합니다. 이사들과는 오랫동안 잘 알고 지내는 사이이고, 테이블에 둘러앉아 이야기할 때는 아무 문제가 없습니다. 하지만 몸을 일으키는 순간 공포가 엄습하지요. 거의 한 마디도 할 수가 없어요. 오래 전부터 이런 식이었습니다. 솔직히 카네기 선생이 제 문제를 해결할 수 있을 것 같지는 않습니다. 문제가 너무 심각하거든요. 너무 뿌리가 깊어요."

이에 내가 대답했다.

"제가 이사님 문제를 해결하지 못할 거라 생각하시면서 왜 저를 보러 오신 거죠?"

"단 한 가지 이유 때문입니다." 그가 대답했다.

"저의 개인적인 회계 문제를 처리해 주는 회계사가 있는데, 아주 수줍음이 많은 친구지요. 그가 자기 사무실로 가려면 제 사무실을 거쳐야 합니다. 그럴 때면 시선을 바닥에 고정시킨 채 거의 한 마디도 없이 살금살금 제 사무실을 지나갔지요. 수년간 그 모양이었습니다. 그런데 최근에 이 친구가 확 바뀌었더군요. 이제는 턱을 꼿꼿이 쳐들고 눈에는 빛을 내며 내 사무실로 들어와서는 자신 있고 활기찬 목소리로 '안녕하세요, 사장님!' 이라고 인사하는 겁니다. 저는 이런 변화에 놀라 그에게 물었죠. '아니, 자네 도대체 어떻게 된 건가?' 그랬더니 선생님 강좌 이야기를 하더군요. 제가 선생님을 보러 온 건 그 겁 많고 소심한 사람에게 일어난 신기한 변화 때문입니다."

나는 그에게 만약 수업을 잘 듣고 우리가 시키는 대로 하면 몇 주 지나지 않아 청중 앞에 서는 일을 즐기게 될 거라고 말해 주었다.

"그렇게만 된다면 저는 이 나라에서 가장 행복한 사람이 될 겁니다." 그가 대답했다.

그는 강의를 듣기 시작했고 곧 눈부시게 발전했다. 나는 3개월 뒤에 그에게 애스터 호텔의 무도회장에서 열릴 3천 명이 모이는 집회에 참석하여 그가 우리의 교육에서 얻은 성과를 증언해 달라고 요청했다. 하지만 그는 선약이 있어서 갈 수 없다며 미안해했다. 그런데 다음 날 그는 내게 전화하더니 이렇게 말했다.

"선약을 취소했습니다. 집회에 나가겠습니다. 그래야 할 것 같군요. 이 교육을 통해 제가 무엇을 얻었는지 증언하겠습니다. 제 이야기를 통해 평생 두려움에 시달려 온 사람들이 그 짐을 덜어냈으면 좋겠습니다."

나는 2분 동안만 말해 달라고 부탁했지만, 그는 3천 명 앞에서 11분이나 증언을 했다. 나는 내 강좌에서 실현된 이와 비슷한 기적을 수천 건이나 목격했다. 나는 이 교육으로 인생이 바뀐 사람들을 보았고, 그중 다수가 원래 기대했던 것 이상으로 승진하거나 자신이 몸담고 있는 사업, 직장, 그리고 공동체에서 두각을 나타냈다. 때로 이런 성취는 적시에 이루어진 단 한 차례의 연설을 통해 실현되기도 했다. 마리오 라조 씨의 경우를 보자.

여러 해 전에 나는 쿠바에서 날아온 한 통의 전보를 받고 깜짝 놀랐다. 내용인즉슨 이랬다.

"거절 답신이 없으면, 화술 훈련을 받으러 뉴욕에 갈 예정임."

그리고 '마리오 라조.'라고 서명이 되어 있었다. 이 사람이 누구지? 전에 이런 이름은 들어본 적이 없었다.

뉴욕에 도착한 라조 씨는 이렇게 말했다.

"하바나 컨트리클럽에서 클럽 설립자 탄생 50주년을 기념할 예정인데, 제가 그에게 은잔을 증정하고 저녁에 주요 연설까지 해달라는 요청을 받았습니다. 제가 변호사이긴 하지만 평생 연설을 해본 적이 없습니다. 그래서 많은 사람들 앞에 설 생각을 하니 몹시 떨리는군요. 만약 그날 잘못하면 제 아내와 저 자신에게 그런 망신이 없을 겁니다. 게다가 고객에 대한 제 이미지도 추락

할 테지요. 그래서 선생님의 도움을 받고자 쿠바에서 무작정 달려온 겁니다. 시간은 3주밖에 없습니다."

그 3주 동안 나는 마리오 라조가 여러 수업을 들으며 하룻밤에 3~4차례 연습하게 했다. 그리고 3주 뒤에 그는 하바나 컨트리클럽의 모임에서 사람들 앞에 섰다. 그의 연설은 너무도 훌륭하여 <타임> 지는 그것을 외신 머리기사로 보도했고 마리오 라조를 '유창한 웅변가'로 소개했다.

기적 같은 이야기로 들리지 않는가? 실제로 그것은 기적이었다. 두려움을 정복한 20세기의 기적이었다.

2 목표를 정하라

 겐트 씨는 새로 습득한 대중연설 기술이 가져다준 기쁨을 말하면서 자신의 성공에 기여한 요소를 언급했다. 나는 다른 무엇보다 이것이 가장 중요한 요소였다고 생각한다. 물론 그는 지시를 잘 따르고 과제를 충실히 이행했다. 하지만 그것은 분명 자신이 원해서 한 것이었다. 그리고 그렇게 강한 의욕을 느꼈던 것은 뛰어난 연사가 된 자신의 모습을 상상했기 때문이다. 그는 마음속에 이상적인 자신의 모습을 상상했고, 그 상상을 현실로 만들기 위해 열심히 노력했다. 당신도 바로 그렇게 해야 한다.

 유창하게 말할 수 있는 능력과 자신감이 당신에게 무엇을 의미하는지에 주의를 집중하라. 그것이 사교적으로 당신에게 어떤 의미가 있으며 그로 인해 어떤 친구들이 생길지, 당신의 향상된 능력이 당신이 속한 시민단체, 사교단체, 또는 교회에 어떤 유익을 줄지, 그리고 당신의 사업에는 어떤 영향을 줄지를 생각하라. 이 과정을 통해 당신은 리더의 자질을 키워가게 된다.

 내셔널 캐시 레지스터사의 회장이자 유네스코 의장인 S. C. 앨린은 계간지 <저널 오브 스피치>에 실린 '비즈니스에서 스피치와 리더십'이라는 기사에서 이렇게 말했다.

"비즈니스 역사상 연단을 빛낸 뛰어난 언변으로 세인의 주목을 받았던 인물이 적지 않다. 꽤 오래 전, 캔자스 주의 한 작은 지점을 책임지고 있던 한 젊은이는 말솜씨가 훌륭했고 현재 우리 회사 영업부 부사장으로 활약하고 있다."

나는 우연히 이 부사장이 지금은 내셔널 캐시레지스터사의 사장임을 알게 되었다.

연설을 잘하는 능력이 우리에게 어느 정도까지 유익을 줄 수 있는지는 예측하기 어렵다. 우리 강좌의 졸업생이자 미국 서보 코퍼레이션의 사장인 헨리 블랙스톤은 이렇게 말했다.

"타인과 효과적으로 소통하고 그들의 협조를 얻어낼 수 있는 능력은 최고의 위치에 오르려는 사람들이 갖춰야 할 자산이다."

자신 있고 당당하게 자신의 생각과 감정을 청중과 공유할 때 얻게 될 만족과 기쁨을 생각해 보라. 나는 수차례 세계를 여행했지만, 말의 힘으로 청중을 휘어잡을 때 느끼는 기쁨 이상의 쾌감은 거의 경험하지 못했다. 이때 우리는 강한 힘과 자부심을 느낀다. 내 졸업생 한 명은 이렇게 말했다.

"연설 시작 2분 전에는 말을 하느니 차라리 채찍을 맞고 싶은 심정이지만, 끝내기 2분 전에는 말을 멈추느니 차라리 총을 맞고 싶을 정도입니다."

지금 청중 앞에 선 자신의 모습을 상상하라. 자신 있게 연단을 향하는 자신의 모습을 그려보라. 말을 시작할 때 장내에 내려앉는 정적에 귀를 기울이며 당신이 요점을 하나하나 콕콕 집어 납득시킬 때 청중이 보이는 고도의 집중력을 느껴보고, 말을 마친 후 연단을 떠날 때 울려 퍼지는 따뜻한 박수 소리와 모임이 끝난 후 청중들이 개별적으로 전하는 감사의 말들을 들어보라. 분명 거기에는 마법이 있고 결코 잊을 수 없는 스릴이 있다.

하버드 대학의 가장 저명한 심리학 교수인 윌리엄 제임스는 우리의 삶에 지대한 영향을 줄 여섯 개 문장을 남겼다. 그것은 용기라는 보물이 가득 들어찬 동굴의 문을 여는데 '열려라, 참깨!' 같은 주문이 되어줄 문장들이다.

"거의 어떤 주제에서든, 우리를 구원해 줄 것은 그 주제에 대한 자신의 열정이다. 원하는 결과에 충분히 주의를 기울이면, 거의 틀림없이 그것을 얻을 것이다. 훌륭한 사람이 되고 싶은 마음이 간절하면, 정말 훌륭해진다. 부자가 되고 싶으면 부자가 될 것이다. 박식한 사람이 되기를 원하면 박식해질 수 있다. 그리고 그것을 진심으로 원하고 그것만을 원해야 하며, 그것과 양립할 수 없는 다른 소망들은 그것만큼 강하게 원해서는 안 된다."

여러 사람 앞에서 효과적으로 말하는 법을 배우면 대중연설 능력 이외의 다른 유익도 얻을 수 있다. 사실 평생 정식으로 연설할 일이 전혀 없다 해도 이 훈련을 통해 얻을 수 있는 이익은 한두 가지로 끝나지 않는다. 우선, 대중연설 훈련은 자신감을 키울 수 있는 왕도이다. 많은 사람들 앞에서 지적이고 설득력 있게 말할 수 있다고 느끼면, 당연히 개인 간의 대화에서도 자신감과 확신을 가지고 말할 수 있을 것이다. 많은 학생들이 나의 효과적인 말하기 강좌를 듣게 된 주된 이유는 사교 그룹에서 수줍음을 많이 타고 자의식적이 되는 것에서 벗어나고 싶기 때문이다. 사람들 앞에서 공포로 얼어붙지 않고 당당하게 말할 수 있게 되면서 그들은 자의식적인 태도가 얼마나 어리석은지를 깨닫게 된다. 그들은 새로 얻은 마음의 평정을 통해 가족, 친구, 직장 동료, 고객 등에게 강한 인상을 남긴다. 우리 졸업생들도 상당수가 굿리치 씨처럼 주변 사람들의 성격이 크게 변화된 것을 보고 강의를 들으러 나왔다.

또 이런 종류의 훈련은 당장 명확히 드러나지는 않지만 성격에도 영향을 준다. 얼마 전에 나는 애틀랜틱시티의 외과 의사이자 전 미국의사협회 회장인 데이비드 앨먼 박사에게 정신적 육체적 건강의 측면에서 대중연설 훈련이 어떤 효과가 있다고 생각하는지 물었다. 이에 그가 웃으며 대답했다.

"그 질문은 진찰을 한 후 처방전을 쓰는 것과 같은 형식으로 대답하는 것이 가장 적절한 듯한데, 이 처방은 약국에서는 조제할 수 없고 각각의 개인이 만들어야 합니다. 만약 조제할 수 없다고 생각하는 사람이 있다면 그건 착각입니다."

지금 내 책상 위에 그 처방전이 놓여 있다. 그것을 읽을 때마다 나는 감동을 받는다. 아래에 앨먼 박사가 써준 내용을 소개한다.

최선을 다해 다른 사람들이 당신의 머릿속과 마음속을 훤히 들여다볼 수 있게 하는 능력을 키워라. 개인적으로, 또 여러 사람에게 자신의 생각과 아이디어를 명료하게 전달하는 법을 배워라. 이런 노력이 진척을 이루는 과정에서 당신은 자신이 - 당신의 진정한 자아가 - 사람들에게 전에 없던 강한 감동과 영향을 준다는 사실을 알게 될 것이다.

이 처방을 통해 당신은 이중의 이익을 얻을 수 있다. 타인에게 말하는 법을 배우는 과정에서 자신감이 강화되고, 당신의 인성이 전체적으로 더 따뜻해지고 좋은 쪽으로 변화된다. 이것은 당신이 감정적으로 더 건강해지고, 그렇게 되면 육체적으로도 더 건강해진다는 것을 의미한다. 현대 세계에서 대중연설 능력은 남녀노소 모두를 위해 필요하다. 나는 사업을 하거나 직장생활을 하는 사람에게 개인적으로 그것이 어떤 유익을 주는지는 잘 모른다. 그저 그 이점이 대단하다는 사실만 알고 있을 뿐이다. 하지만 그것이 건강에 미치는 효과는 확실하게 알고 있다. 할 수 있을 때 사람들 앞에서 말할 기회를 놓치지 마라. 나 자신이 확인했듯이 당신은 그 일을 점점 더 잘하게 될 것이다. 그리고 전에는 결코 느껴본 적이 없는, 정신이 고양되고 완전하고 균형 잡힌 인간이 된 듯한 느낌을 갖게 될 것이다.

이것은 놀라운 느낌이지만, 약을 복용해서는 절대 얻을 수 없다.

결국 두 번째 지침은, 지금은 두렵게 느껴지는 일을 성공적으로 감당해 내는 자신의 모습을 상상하고 사람들 앞에서 유창하게 말하는 능력을 통해 얻게 될 유익에 집중하라는 것이다. 윌리엄 제임스의 말을 기억하라.
 "원하는 결과에 충분히 주의를 기울이면, 거의 틀림없이 그것을 얻을 것이다."

3 성공 의지를 불태워라

언젠가 한 라디오 프로그램에서 내가 배운 가장 중요한 교훈을 세 문장으로 말해 달라는 요청을 받은 적이 있다. 그때 나는 이렇게 말했다.

"제가 배운 가장 큰 교훈은 생각의 중요성입니다. 누군가를 그답게 만드는 것은 그의 생각이기 때문에, 만약 누가 어떤 생각을 하는지 안다면 그가 어떤 사람인지도 알 수 있습니다. 우리는 생각을 바꿔서 자신의 삶을 변화시킬 수 있습니다."

당신은 자신감 강화와 소통 능력 개선이라는 목표를 정했다. 지금부터 당신은 이 목표의 실현 가능성에 대해 부정적인 마음을 걷어내고 긍정적으로 생각해야 한다. 멋진 연사가 되기 위한 노력의 결과에 대해 낙관하는 것이 매우 중요하다. 그리고 이 능력을 키우기 위해 말 하나, 행동 하나 하나에 결의의 마음을 담아야 한다.

여기 더 유창한 표현 능력을 계발하고자 하는 사람에게 필요한 것이 결연한 의지임을 극적으로 증명해 주는 이야기가 있다. 내가 지금 소개하려는 사람은 서열의 사다리를 타고 오른 끝에 마침내 전설적인 경영자로 우뚝 선 인물이다. 하지만 이런 그도 대학 시절 처음으로 연설을 하기 위해 사람들 앞에 섰을 때는 말이 제대로 나오질 않아 선생님이 지시한 5분 연설 시간을 채 절반도 못 채우고 얼굴이 백짓장이 되어 눈물을 흘리며 연단을 급히 내려와야 했다.

하지만 그는 학창 시절의 이 쓰라린 경험에 무너지지 않았다. 그는 훌륭한 연사가 되기로 결심했고, 세계적으로 존경받는 정부의 경제고문이 될 때까지 그 결심을 약화시키지 않았다. 그의 이름은 클래런스 B. 랜달이다. 깊은 생각이 담겨 있는 책 《자유의 믿음 *Freedom's Faith*》에서 그는 대중연설에 대해 이렇게 말했다.

"나는 제조업자협회, 상공회의소, 로터리클럽, 기금모금 캠페인, 대학 동문회 등의 오찬과 만찬회에서 행한 연설로 숱한 감사를 받았다. 또 미키 루니와 자선 목적으로 순회강연을 했고, 교육을 위해서는 하버드 대학의 브라이언트 코넌트 총장, 시카고 대학의 로버트 M. 허친스 총장과 연설 여행에 동참했다. 심지어는 아주 서툰 프랑스어로 식후의 연설을 하기도 했다.

나는 청중이 무엇을 듣고 싶어 하며 그것이 어떻게 전달되기를 바라는지 이제 좀 알 것 같다. 그리고 사업상의 중요한 책임을 감당할 능력이 있는 사람은 누구나 마음만 먹는다면 그 방법을 배울 수 있다."

나는 랜달의 말에 동의한다. 성공 의지는 유능한 연사가 되는 과정의 핵심적인 부분이 되어야 한다. 만약 내가 당신의 마음을 들여다보고 당신이 지닌 염원의 강도와 생각의 명암을 확인할 수 있다면, 소통 능력 향상이라는 목표를 향한 당신의 진척 속도가 얼마나 빠를지를 거의 확실하게 예측할 수 있을 것이다.

중서부에서 열린 내 강좌의 첫날밤에 한 남자가 일어서더니 부끄러운 기색도 없이 자기는 주택건축업자인데 미국주택건축업자협회의 대변인이 되는 것이 자신의 목표라고 말했다. 그의 이름은 조 헤이버스틱이었다. 그는 전국을 돌며 만나는 모든 사람에게 자신이 속한 업계의 문제와 업적을 전하고 싶어 했다. 그의 말은 진심이었다. 조는 교사를 기쁘게 하는 학생이었다. 그는 정말 진지했다. 조는 지역적인 문제만이 아닌 국가적인 문제에 대해서도 말할 수 있기를 원했고, 그의 그런 소망은 열의로 가득 차 있었다. 그는 연설 내용을 철저히 준비하고 연습에 성실한 자세로 임했으며, 연중 그의 일이 가장 바쁠 때도 수업을 한 번도 빼먹지 않았다. 그 결과 그는 자신도 놀랄 정도의 속도로 발전했다. 그래서 두 달 만에 학급에서 가장 뛰어난 학생이 되었고, 반 대표로까지 선출되었다.

그 반을 맡았던 강사는 약 1년 뒤에 버지니아 주의 노퍽 시에 있었는데, 내게 이런 편지를 보내왔다.

전 그때 오하이오에서 가르쳤던 조 헤이버스틱을 완전히 잊고 있었습니다. 그러던 어느 날 아침 식사를 하던 중 <버지니아 파일럿> 지를 펼치게 되었지요. 그런데 거기 조의 사진과 그에 대한 논평 기사가 실려 있는 겁니다. 그 전날 밤에 그는 지역 건축업자들이 모인 대규모 집회에서 연설을 했더군요. 저는 조가 단지 전국주택건축업자협회의 대변자일 뿐 아니라, 그곳의 회장이 되어 있는 것을 확인했습니다.

결국 이 일에서 성공하려면 모든 가치 있는 노력에 필수적인 자질을 갖추어야 한다. 바로 거의 열정이라 할 만한 욕망, 산을 평지로 만들어버릴 만한 끈기, 그리고 자신의 성공을 확신하는 자신감이다.

줄리어스 시저가 군대를 이끌고 갈리아에서 해협을 건너 지금의 영국 땅에 도착한 후, 자기 군대의 승전을 보장하기 위해 한 일이 무엇인지 아는가? 그는 묘책을 생각해 냈다. 바로 병사들을 도버의 백악질 절벽 위에 세운 후 60미터 아래의 파도 위에서 그들이 타고 온 배들이 시뻘건 불길에 모조리 타 없어지는 것을 보게 한 것이다. 적국에서 대륙과의 마지막 연결고리가 사라지고 최후의 후퇴 수단마저 불타 없어지자 이제 그들이 할 일은 하나밖에 없었다. 바로 진군하여 정복하는 것이었다. 그리고 그들은 바로 그렇게 했다.

이것이 저 위대한 시저의 정신이었다. 청중에 대한 두려움을 정복하기 위한 싸움에서 당신도 이런 정신으로 무장하는 것이 좋지 않을까? 모든 부정적인 생각의 파편들을 치솟는 불길 속에 던져버리고, 우유부단한 과거로 이어지는 모든 도주로에는 강철문을 닫아걸어라.

4 연습 기회를 놓치지 마라

내가 제1차 세계대전 전에 125번가 YMCA에서 시작했던 강좌는 이후 거의 알아보지도 못할 정도로 많은 변화를 겪었다. 매년 수업에 새로운 아이디어가 접목되고 낡은 아이디어들은 폐기처분되었다. 그럼에도 이 강좌에는 변치 않는 한 가지 특징이 있다. 바로 모든 수강생은 한 번이나 (대부분의 경우에는) 두 차례 동료 학생들 앞에서 일어선 채 연설을 해야 한다는 것이다. 왜 그래야 할까? 실제로 여러 사람 앞에서 말을 해보지 않고는 대중연설을 배울 수 없기 때문이다. 그것은 물속에 들어가지 않고는 수영을 배울 수 없는 것과 같은 이치이다. 이 책을 포함하는 대중연설과 관련된 책을 모조리 다 읽는다고 해서 연설 능력이 저절로 생기지는 않는다. 이 책은 철저한 안내서일 뿐, 실천으로 뒷받침되지 않으면 그저 종이뭉치에 불과할 것이다.

조지 버나드쇼는 어쩌면 그렇게 연설을 잘하게 되었느냐는 질문을 받았을 때, 이렇게 대답했다.

"스케이트 타는 법을 배울 때와 똑같이 했습니다. 바로 익숙해질 때까지 넘어지고 깨지면서도 끈질기게 계속 하는 거죠."

제1장 효과적인 말하기의 기본

청년 시절, 쇼는 런던에서 가장 소심한 사람 중 하나였다. 그는 20분이나 그 이상 동안 밖에서 서성이고 나서야 겨우 문을 노크할 수 있었다. 그가 이렇게 고백했다.

"나만큼 그저 겁이 많은 것 때문에 그토록 고통을 겪고 또 그것을 그토록 부끄러워했던 사람은 아마 없었을 겁니다."

마침내 그는 소심함과 두려움을 극복할 수 있는 가장 빠르고 확실한 최고의 방법을 생각해 냈다. 자신의 약점을 가장 강력한 자산으로 만들기로 결심한 것이다. 그래서 토론 클럽에 가입했고, 런던에서 열리는 모든 토론회에 나가 항상 일어서서 논쟁에 참여했다. 사회주의의 대의에 공감하고 적극적으로 그 대의를 지지하는 발언을 통해 조지 버나드쇼는 20세기 전반의 가장 자신만만하고 뛰어난 연사로 거듭났다.

말할 기회는 어디에나 널려 있다. 단체에 가입하고 말을 해야 하는 일에 자원하라. 단지 동의에 찬성하기 위한 발언 정도라 해도 공적 모임에서 몸을 일으켜 자신의 뜻을 밝혀라. 큰 소리로 거리낌 없이 말하라. 주일학교 교사가 되어 아이들을 가르치고, 스카우트 조직의 리더가 되라. 회의에 적극 참여할 수 있는 기회가 있는 곳이면 어떤 단체든 가입하라. 주위를 둘러보라. 비즈니스나 정치, 지역사회, 직장, 심지어 동네에서도 우리에게 나서서 말할 기회를 주지 않는 활동은 거의 없다는 사실을 알게 될 것이다. 자꾸 말해 버릇하지 않으면 자신이 얼마나 발전할 수 있는지 결코 알 수 없다.

한 젊은 기업체 간부가 내게 이렇게 말한 적이 있다.

"그렇긴 하지만, 힘든 학습 과정을 견뎌낼 일이 두렵습니다."

"힘들다고요!" 내가 대답했다.

"그런 생각은 버리세요. 선생은 배운다는 것을 올바른 정신으로, 즉 정복의 정신으로 생각한 적이 없군요."

"그게 어떤 정신이죠?" 그가 물었다.

"모험 정신입니다." 내가 답했다.

그리고 계속해서 대중연설을 통해 성공에 이르고 인격을 닦고 개성을 펼치는 문제에 대해 조금 더 이야기를 해주었다. 마침내 그가 말했다.

"해보겠어요. 이 모험에 뛰어들어보죠."

이 책을 읽고 그 안의 원칙들을 실천하면서 당신 역시 모험에 뛰어들게 되는 셈이다. 당신은 그것이 자기 결정과 비전의 힘으로 감당해 내야 하는 모험이자, 당신을 안팎으로 변화시켜줄 모험이라는 사실을 알게 될 것이다.

2 자신감 키우기

"카네기 선생님, 사실 5년 전에 저는 선생님이 시범강의 중이던 호텔에 갔습니다. 하지만 강의실 문앞까지 갔다가 그만 거기서 멈추어버렸지요. 만약 그방에 들어가 강의를 듣게 되면 조만간 제가 사람들 앞에 서야 한다는 걸 알고 있었으니까요. 손이 문고리에서 얼어붙더군요. 들어갈 수가 없었어요. 결국 등을 돌려 호텔을 나오고 말았습니다. 만약 그때 청중에 대한 두려움을 정복하는 일이 그리 어려운 게 아닌 것을 알았더라면, 지난 5년의 세월을 허비하지 않았을 텐데 참 아쉽습니다."

이 자기 고백의 주인공은 의자에 앉아 테이블이나 책상 너머로 말하는 것이 아니었다. 그는 약 200명의 청중 앞에 서서 이 이야기를 전하고 있었다. 뉴욕 시에서 열린 내 강의 과정을 수료한 학생들이 모인 자리였다. 그의 말을 들으며 나는 특별히 그의 침착함과 자신감에 큰 감동을 받았다. 나는 그에게 새로 생긴 표현력과 자신감이 앞으로 그의 경영 능력에 굉장한 플러스 요인이 되리라고 생각했다. 그를 지도한 교사로서 나는 그가 청중공포증에 보기 좋게 한 방 먹인 것을 보고 정말 기쁜 한편으로, 만약 이 일이 5년 전이나 10년 전에 일어났더라면 그가 얼마나 더 성공하고 더 행복했을까를 생각하며 안타까운 마음을 금할 수 없었다.

에머슨은 "세상에는 다른 무엇보다 두려움에 패배당한 사람들이 가장 많다."고 말했다. 그동안 나 역시 이 말의 쓰라린 진실을 숱하게 확인했다. 그리고 평생 동안 사람들을 그 두려움의 마수에서 구해내는 일을 할 수 있었던 것에 대해 정말 감사한다. 1912년에 스피치 강좌를 시작했을 때만 해도 나는 이 훈련이 두려움과 열등감을 극복하는 최고의 방법이 되리라고는 거의 상상도 못했다. 하지만 나는 대중연설법을 배우는 것이 자의식을 극복하고 용기와 자신감을 키우는 지극히 자연스러운 방법임을 알게 되었다. 왜 그럴까? 청중 앞에 서는 일은 우리가 자신의 두려움과 맞장을 뜨게 만들기 때문이다.

다년간 대중연설을 가르치면서 나는 무대 공포증을 빨리 극복하고 겨우 몇 주간의 연습으로 자신감을 키울 수 있는 몇 가지 방법을 찾아냈다.

1 연설 공포증의 실체를 직시하라

사실 1. 연설 공포증은 당신만의 문제가 아니다.

여러 대학에서 실시한 조사에 따르면, 스피치 강좌에 등록한 학생의 80~90퍼센트가 강의 초기에 무대 공포증을 경험한다고 한다. 나는 내 강의를 처음 들으러 오는 성인들의 경우, 그 수치가 더 높아 거의 100퍼센트에 이른다고 생각한다.

사실 2. 어느 정도의 무대 공포증은 오히려 약이 된다!

그것은 우리가 환경이 제기하는 특별한 도전에 맞설 수 있도록 준비시키는 자연의 방법이다. 그러므로 맥박이 뜀박질을 하고 호흡이 빨라진다 해도 놀라지 마라. 그것은 외부의 자극에 민감해진 당신의 몸이 행동에 돌입할 준비를 하는 것이다. 이런 생리적인 준비가 일정한 한계 내에서 이루어지면, 보통의 상황에서보다 생각이 더 빨라지며 더 유창하고 대체로 더 힘 있게 말할 수 있을 것이다.

사실 3. 많은 전문 연사들이 내게 자기들도 무대 공포증을 완전히 없애지는 못한다고 확인해 주었다.

이 증상은 말을 시작하기 직전에는 거의 항상 존재하며, 처음 몇 문장을 말할 때까지도 계속 남아 있을 수 있다. 이것은 이 사람들이 짐을 끄는 말이 아니라, 경주마처럼 될 때 치러야 하는 대가이다. 자기는 "항상 침착하고 냉정을 잃지 않는다."고 떠벌리는 연사들은 대개 성격도 냉정하고 둔감하여 별 감동을 주지 못하기 쉽다.

사실 4. 연설 공포증의 주된 이유는 단지 많은 사람 앞에 서는 일에 익숙하지 않기 때문이다.

"두려움은 무지와 불확실성을 부모로 태어난 사생아이다." 이것은 로빈슨 교수가 《정신의 형성 *The Mind in the Making*》에서 한 말이다. 대부분의 사람들에게 대중연설은 미지의 영역이며, 따라서 두려움과 불안을 유발한다. 초보자에게 그것은 일련의 낯설고 이상한 상황이며, 가령 테니스나 운전을 배우는 것보다 더 복잡한 일이다. 이 두려운 상황을 단순하고 쉽게 만드는 방법은 그저 첫째도 둘째도 연습하는 수밖에 없다. 무수한 사람들이 깨달았듯이 당신도 대중연설은 그저 성공적인 연설 경험을 축적함으로써 고통이 아닌 기쁨이 될 수 있다는 사실을 알게 될 것이다.

유명한 강연자이자 대중 심리학자인 앨버트 에드워드 위검이 연설 공포증을 극복한 이야기는 처음 그 글을 읽은 이후로 계속 내게 영감의 원천이 되어 왔다. 그는 고교 시절 자리에서 일어나 5분간 발표를 한다는 상상만으로도 몸이 굳어버렸다고 한다.

그의 글을 따라가 보자.

"발표일이 다가오면 영락없이 몸에도 이상 신호가 왔다. 그 끔찍한 생각을 할 때마다 머리 전체로 피가 몰려 고통을 느낄 정도로 뺨이 붉게 타올랐다. 그래서 그 열기를 식히려고 학교 건물 뒤로 가서 차가운 벽돌 벽에 뺨을 갖다 댔다. 대학에 가서도 이런 상황은 바뀌지 않았다.

한 번은 '애덤과 제퍼슨은 이제 이 세상 사람이 아닙니다.'로 시작하는, 발표할 내용의 서두 부분을 완전히 암기했다. 그러나 막상 청중 앞에 서자 머리가 요동을 쳤고 내가 어디에 있는지도 모를 지경이었다. 겨우겨우 '애덤과 제퍼슨은 이제 이 세상 사람이 아닙니다.'라는 첫 문장을 숨을 헐떡이며 내뱉었지만, 그 이상은 한 마디도 더 할 수 없었다. 나는 고개를 푹 숙였다. 그리고 요란한 박수 소리를 뒤로 한 채 무겁게 내 자리로 돌아왔다. 교수님이 일어나 말씀하셨다. '에드워드, 그 슬픈 소식은 정말 충격적이군. 하지만 우린 최선을 다해 힘든 상황을 견뎌낼 거네.' 그 뒤에 터져 나온 요란한 웃음소리에 나는 차라리 죽고만 싶었다. 나는 그 뒤 며칠간 몸져누웠다. 이러니 내가 대중연설가가 된다는 것은 당연히 꿈도 꿀 수 없는 일이었다."

대학 졸업 후 1년 뒤에 앨버트 위검은 덴버에 머물렀다. 1896년에는 은화 자유주조법 문제로 정쟁이 격화되고 있었다. 어느 날 그는 은화의 자유주조를 옹호하는 사람들의 입장을 설명하는 소책자를 읽게 되었는데, 거기서 브라이언(William Jennings Bryan, 1860~1925, 미국의 정치가이자 연설가로 금본위제를 비판-옮긴이)과 그 추종 세력들의 오류와 공허한 약속에 너무 격분하여 자기 시계를 전당포에 맡기고는 고향인 인디애나로 돌아가기에 충분할 정도의 여비를 마련했다. 고향에 도착하자 그는 '건전한 화폐'라는 주제로 연설을 하겠다고 자원했다. 청중 속에는 옛 학교 친구들도 다수 포함되어 있었다. 여기서 다시 그의 글을 따라가 보자.

"연설을 시작할 때, 대학 시절에 애덤과 제퍼슨에 관한 발표를 하다가 개망신을 당한 장면이 떠올랐다. 나는 목이 메고 말을 더듬거렸다. 이번에도 판을 완전히 망쳐버릴 듯했다. 하지만 촌시 드퓨(Chauncey Depew,

1834~1928, 미국의 정치가이며 연설과 재치 있는 만찬 담화로 유명-옮긴이)가 종종 말했듯이 청중과 나는 서두 부분을 그럭저럭 통과했고, 이 작은 성공에 고무된 나는 이후 약 15분간 열변을 토했다. 나는 15분 정도 지났다고 생각했다. 그런데 알고 보니 내가 연설한 시간은 놀랍게도 1시간 반이나 되었다.

그 결과 몇 년 지나지 않아 내가 직업 연설가로 먹고 살게 되는, 정말 내가 생각해도 기절초풍할 일이 일어난 것이다. 나는 윌리엄 제임스가 말한 '성공의 습관'이라는 것이 어떤 의미인지를 직접 경험을 통해 알게 되었다."

그렇다. 앨버트 에드워드 위검은 대중연설에 대한 파괴적인 두려움을 극복하는 가장 확실한 방법 중 하나가 성공적인 경험을 축적하는 것이라는 사실을 배웠다.

당신도 많은 사람 앞에서 연설하고 싶으면 어느 정도의 두려움은 그 과정에 자연스럽게 딸려오는 것임을 받아들여야 한다. 또 얼마쯤의 무대 공포증을 이용하여 더 훌륭한 연설을 하는 법도 배워야 한다.

설사 무대 공포증이 걷잡을 수 없을 지경이 되어 정신적 장벽, 유창성 장애, 통제되지 않는 틱 현상, 과도한 근육 경련을 일으켜 연설의 효과를 심각하게 떨어뜨린다 해도 절망해서는 안 된다. 초보자들에게 이런 증상들은 보기 드문 것이 아니다. 노력만 하면 무대 공포증이 곧 장애는커녕 오히려 도움이 되는 수준으로까지 줄어드는 것을 확인하게 될 것이다.

2 제대로 준비하라

몇 년 전에 있었던 뉴욕 로터리클럽 오찬회에서는 저명한 정부 관료가 주요 연사로 나섰다. 우리는 그가 자기 부서의 활동에 대해 이야기할 것으로 기대했다.

하지만 그가 입을 열자마자 우리는 곧바로 그가 연설을 제대로 준비하지 않았음을 분명히 알 수 있었다. 처음에 그는 즉석연설을 하려고 했지만 그게 잘 되지 않자 주머니에서 메모 뭉치를 꺼내들었는데, 그것 역시 고철을 가득 실은 트럭처럼 뒤죽박죽 두서가 없었다. 그는 그것을 갖고 잠시 더듬거리더니 더욱 당황해하며 보기에 참 민망한 모습을 연출했다. 시간이 갈수록 그는 더 무력해졌으며 연설은 방향을 못 잡고 갈팡질팡했다. 계속 허둥대고 사과하며 어떻게든 메모 내용을 꿰맞추려 하면서 떨리는 손으로 물컵을 바싹바싹 타들어가는 입술에 갖다 댔다. 그것은 준비를 거의 안 한 탓에 공포에 완전히 정복당한 사람의 슬픈 그림이었다. 마침내 그는 연단을 떠나 내가 본 가장 굴욕적인 연사가 되어 자리에 앉았다. 루소의 말대로 그는 마치 연애편지 쓰듯 연설을 했다. 자신이 무슨 말을 할지도 모르는 채 시작했다가 무슨 말을 했는지도 모른 채 끝낸 것이다.

1912년부터 나는 직업상의 의무에 따라 1년에 5천 건 이상의 연설을 평가해 왔다. 그간의 경험을 통해 많은 교훈을 얻었지만, 그중에서도 에베레스트 산에 해당하는 가장 중요한 교훈 하나를 추려냈다. 바로 준비된 연사만이 자신감을 가질 자격이 있다는 것이다. 하자 있는 무기를 들고, 또는 탄환도 전혀 없이 전투에 임하는 사람이 어떻게 두려움의 요새를 정복할 수 있을까? 링컨은 이렇게 말했다.

"할 말이 전혀 없으면 아무리 나이가 들고 노련해져도 말을 할 때 당황할 수밖에 없을 것이다."

자신감을 높이고 싶다면 연사의 입지를 안전하게 지켜줄 한 가지 일을 하는 것이 어떻겠는가? 사도 요한은 "완벽한 사랑은 두려움을 몰아낸다."고 말했다. 그렇기는 완벽한 준비도 마찬가지이다. 대니얼 웹스터는 대충 준비하고 연단에 서느니 차라리 속옷 차림으로 청중 앞에 나서는 편을 택하겠다고 말했다.

내용을 몽땅 암기하지 말라

'완벽한 준비'란 연설 전문을 통째로 외워야 한다는 뜻일까? 절대 아니다. 청중 앞에서 머리가 명해지는 불상사를 피하기 위해 암기라는 함정에 빠지는 연사들이 많다. 이런 종류의 정신적 마약에 중독되면 준비하는데 시간을 많이 허비할 수밖에 없고, 이것은 연설의 효과도 떨어뜨린다.

미국의 대표적인 시사해설가 H. V. 칼텐번은 하버드 대학 재학 중에 웅변대회에 나간 적이 있다. 그는 '신사 왕 *Gentleman, the King*'이라는 제목의 짤막한 이야기를 선택했다. 그리고 전문을 한 단어 한 단어 정확히 암기했고 수백 번 연습했다. 드디어 대회가 있던 날, 연단에 오른 그는 제목 '신사 왕'을 크게 외쳤다. 그런데 이게 어찌 된 일인가? 다음 순간 마치 머릿속이 정전된 것처럼 아무 생각도 나지 않았다. 앞이 캄캄해졌다. 공포가 그의 목을 조였다. 그는 자포자기의 심정이 되어 그냥 자신의 말로 이야기를 전하기 시작했다. 그런데 대회가 끝난 후 심사위원들은 그에게 1등상을 주었다. 당연히 그는 크게 놀랐고 어안이 벙벙했다. 그날 이후로 칼텐번은 절대 연설문을 읽거나 암기하지 않았다. 이것은 그가 방송 일에서 성공한 비결이기도 했다. 그는 메모만 조금 할 뿐, 따로 대본을 준비하지 않고 청취자를 상대로 자연스럽게 말을 한다.

자신이 할 말을 하나하나 꼼꼼히 기록하고 모조리 암기하는 사람은 시간과 에너지를 낭비하는 것이며, 재난을 불러들이는 격이다. 평생 우리는 자연스럽게 말해 왔다. 우리가 생각하는 대상은 내용이지 말이 아니었다. 내용이 명료하기만 하면 말은 우리가 숨 쉬는 공기만큼 자연스럽게, 그리고 무의식적으로 흘러나온다.

심지어 윈스턴 처칠조차 힘들게 이 교훈을 배워야 했다. 청년 시절 처칠은 미리 연설 내용을 자세히 기록하고 달달 외웠다. 그리고 영국 의회에서 암기된 내용을 앵무새처럼 되뇌던 중 갑자기 딱 멈추어버렸다. 정전이었다. 머릿속의 내용물이 다 빠져나간 듯했다. 그는 당황했고 굴욕감을 느꼈다. 다시 마지막 문장을 읊어대며 끊어진 고리를 연결하려 했지만, 머릿속은 여전히 캄캄했고 낯빛은 벌겋게 붉어졌다. 결국 그는 더 진행하지 못하고 그냥 자리에 앉아버렸다. 그날부터 처칠은 절대 연설을 외워서 하지 않았다.

연설 내용을 한 마디 한 마디 그대로 외우면 청중 앞에 설 때 기억이 안 날 수도 있다. 설사 암기한 내용을 잊지 않는다 해도 기계적으로 전달하기 쉽다. 왜 그럴까? 왜냐하면 그것은 우리의 마음이 아닌 기억에서 나오는 것이기 때문이다. 사적으로 대화할 때 우리는 항상 말하고 싶은 내용을 생각한 다음, 어떤 단어를 선택할지는 생각지도 않고 그냥 말해 버린다. 평생 그렇게 해왔다. 그런데 구태여 지금 그것을 바꿀 이유가 무엇인가? 만약 연설 내용을 일일이 기록하고 몽땅 외우려 했다가는 밴스 부쉬넬이 겪었던 것과 똑같은 경험을 하게 될지 모른다.

밴스는 파리의 보자르 예술학교를 졸업했고 나중에 세계 최대의 보험회사 중 하나인 이퀴터블 생명보험의 부사장이 되었다. 수년 전, 그는 전국에서 모인 회사 직원 2,000명이 참석하는 총회에서 연설을 해달라는 요청을 받았다. 당시에 그는 보험업에 뛰어든 지 2년밖에 안 되었음에도 눈부신 실적을 올리며 승승장구하고 있었다. 그래서 그에게 20분 연설 시간이 배정되었다.

밴스는 이 기회를 기쁘게 받아들였다. 그것이 자신의 명성을 높여줄 것으로 여겼던 것이다. 하지만 불행히도 그는 자신이 할 말을 꼼꼼히 기록하고 그대로 머리에 쑤셔 넣었다. 그리고 거울 앞에서 40번이나 예행연습을 하며 모든 어구, 표현, 제스처, 얼굴 표정 등을 모조리 머리에 입력시켰다. 이 정도면 완벽하다고 생각했다.

그러나 막상 연단에 오르자 거대한 파도처럼 공포가 엄습했다. 밴스는 입을 열었다. "이 프로그램에서 제가 맡은 역할은……." 다음 순간 갑자기 머릿속이 텅 비어버렸다. 그는 몹시 당황하며 두 발짝 뒤로 물러난 후 처음부터 다시 시작하려 했다. 이번에도 역시 머리가 하얘졌다. 그래서 다시 두 발 뒤로 물러났다가 재차 시도했다. 그는 이 공연을 세 차례 반복했다. 연단은 1미터가 넘는 높이였고 뒤에는 난간도 없었다. 그리고 연단 뒤쪽과 벽 사이에는 너비 1.5미터의 공간이 있었다. 네 번째 뒷걸음질을 쳤을 때, 그는 그만 연단 뒤쪽으로 고꾸라져 그 공간 속으로 사라져버렸다. 청중들은 폭소를 터뜨렸다. 어떤 직원은 의자에서 떨어져 복도에서 뒹굴기까지 했다. 이쿼터블 생명보험사 역사상 그 이전에도 그 이후에도 이토록 우스꽝스러운 공연을 연출한 사람은 없었다. 이 이야기의 놀라운 부분은 청중들이 그것을 정말 연기라고 생각했다는 사실이다. 이 회사의 고참 직원들은 지금도 그의 공연을 즐겨 입에 올린다.

하지만 당사자인 밴스 부쉬넬은 어땠을까? 그는 내게 그때가 자기 인생에서 가장 창피하고 곤혹스러운 순간이었다고 말했다. 그는 부끄러움을 견딜 수 없어 사직서까지 썼다.

하지만 고참 임원들은 밴스를 설득하여 그 생각을 접도록 했다. 그들은 그의 자신감을 회복시켰고, 훗날 밴스 부쉬넬은 회사에서 가장 유능한 연사로 거듭났다. 그러나 그는 결코 연설 내용을 외우지 않았다. 우리도 그의 경험에서 교훈을 얻어야 할 것이다.

나는 연설을 외워서 하려는 연사들을 수도 없이 보았지만, 암기된 원고를 이용해서 더 생동감 있고 효과적이고 인간적인 연설을 했다고 여겨지는 사람은 하나도 본 적이 없다. 오히려 그 원고를 쓰레기통에 던져버렸더라면 틀림없이 더 좋은 연설을 했을 것이다. 외우지 않고 했을 경우 몇 가지 요점을 잊어버리고 횡설수설했을지 모르지만, 최소한 더 인간적으로 보였을 것이다.

에이브러햄 링컨은 이렇게 말했다.

"나는 판에 박은 듯한 상투적인 설교는 듣고 싶지 않다. 누가 설교하는 것을 들을 때, 나는 그에게서 마치 벌떼와 싸우는 듯한 모습을 보고 싶다."

링컨은 흥분도 하며 말에 거침이 없는 연사의 연설을 원했다. 외운 내용을 그대로 읊어댔다간 어떤 연사도 벌떼와 싸우는 듯한 모습을 보여줄 수 없을 것이다.

생각을 미리 정리 정돈하라

그러면 연설을 준비하는 적절한 방법은 무엇일까? 간단하다. 당신에게 인생에 대해 뭔가 가르침을 준 의미 있는 경험을 찾고, 그 경험에서 우러난 당신의 생각과 당신의 아이디어와 당신의 확신을 종합하는 것이다.

진정한 준비는 자신의 주제에 대해 깊이 생각한다는 의미이다. 찰스 레이놀드 브라운 박사는 수년 전 예일대에서 행한 일련의 인상적인 강연에서 이렇게 말했다.

"여러분의 주제가 푹 삭고 숙성되고 풍성해질 때까지 골똘히 생각하십시오. 다음에는 그 모든 생각들을 기록해 보십시오. 생각을 가다듬는데 필요한 그저 몇 마디의 말을 종이에 적어두십시오. 그러면 자료를 정리할 때 더 쉽게 이 단편적인 조각들을 배열하고 체계화할 수 있을 것입니다."

어째 별로 어려워 보이지 않는다. 그렇지 않은가? 사실이 그렇다. 단지 목적에 대한 약간의 집중과 생각이 필요할 뿐이다.

친구들과 연습하라

내용이 어느 정도 체계를 갖추게 되면 연설 연습도 해야 할까? 그야 물론이다. 여기 쉽고도 효과적인 확실한 방법이 있다. 친구나 직장 동료들과의 일상 대화에 당신이 연설의 소재로 선택한 아이디어들을 이용하라. 스포츠 이야기만 하지 말고 테이블 너머로 몸을 굽히며 이런 식으로 말해 보라.

"이봐, 조. 내가 참 이상한 경험을 했는데, 자네한테 그 얘기를 하고 싶어." 조는 아마 기꺼이 당신의 이야기를 들어줄 것이다. 그가 어떻게 반응하는지 보고 그의 답변을 경청하라. 흥미롭고도 가치 있는 생각을 낚아 올릴지도 모른다. 그는 당신이 연설 연습을 하고 있다는 사실은 모를 것이다. 그건 사실 중요하지 않다. 하지만 그는 아마 대화가 즐거웠다고 말할 것이다.

저명한 역사학자 앨런 네빈스도 작가들에게 비슷한 충고를 해주고 있다.

"당신의 주제에 관심 있는 친구를 찾아 당신이 배운 것을 자세히 이야기하라. 이런 식으로 당신은 자신이 놓쳤을지도 모르는 해석, 깨닫지 못한 논점, 그리고 당신이 전하려는 이야기에 가장 적합한 형식을 발견할 수 있다."

3 성공의 모습을 미리 그려보라

앞서 대중연설 훈련 때 갖춰야 할 올바른 태도를 언급하면서 이 말을 했던 것을 기억할 것이다. 지금 당신이 수행해야 할 구체적인 과제, 즉 말할 수 있는 모든 기회를 성공적인 경험으로 만드는 과제에도 똑같은 규칙이 적용된다. 이를 실현하는 세 가지 방법이다.

주제에 몰입하라

주제를 선택하고 계획에 따라 정리한 후 친구들과 깊이 있게 이야기하는 방법으로 연습을 했다 해도 아직 준비가 다된 것은 아니다. 당신은 자신이 선택한 주제의 중요성을 스스로 확신해야 한다. 역사에 등장한 진정으로 위대한 모든 인물들에게 영감을 주었던 태도, 즉 자신의 대의에 대한 믿음이 필요한 것이다. 어떻게 자신의 메시지에 대한 신념의 불길에 부채질을 할 수 있을까? 그것은 바로 주제의 모든 측면을 탐구하고 그것이 지닌 더 깊은 의미를 이해하며 자신의 연설이 청중들에게 어떤 유익을 줄 수 있을지를 자문해 보는 것이다.

부정적인 자극을 멀리하라

이를테면, 자신이 문법적인 실수를 저지르거나 연설의 중간 부분에서 갑자기 결론으로 널뛰기하는 모습을 상상하는 것은 확실히 시작도 하기 전에 자신감에 찬물을 끼얹을 수 있는 부정적인 예측이다. 말을 시작하기 직전에 자기 자신으로부터 주의의 초점을 옮기는 것이 특히 중요하다. 가령 다른 연사들의 말에 집중하면 지나친 무대 공포증의 공격을 피할 수 있을 것이다.

스스로를 격려하라

자신의 인생을 걸 만한 어떤 위대한 대의에 사로잡히지 않는 한, 연설자는 누구나 자신의 주제에 대한 의심의 순간을 경험할 것이다. 이때 그는 그 주제가 자신에게 적합한 것인지, 청중이 그것에 흥미를 느낄지 등을 자문하게 된다. 그러면 주제를 바꾸고픈 강한 유혹을 느낄 수 있다. 부정적인 생각이 자신감을 완전히 허물어뜨리기 쉬운 이런 순간에 당신은 스스로를 격려해야 한다. 분명하고 단순한 언어로 스스로에게 말하라. '네 주제는 너한테 아주 적합해. 그건 네 경험과 인생에 대한 너의 성찰에서 나온 것이니까.' 이런 주제에 대해서는 청중들 중 그 누구보다 당신 자신이 말할 자격이 있다고 스스로에게 말하라. 그리고 당신은 정말 최선을 다해 잘 해낼 것이다. 이거 그 케케묵은 자기암시 요법 아니냐고? 그럴지도 모른다. 하지만 현대의 실험 심리학자들은 자기암시에 기초한 동기부여가 설사 꾸며낸 것이라 해도 신속한 학습을 위한 가장 강력한 자극제의 하나라는데 동의한다. 그러니 사실에 기초한 진실한 격려의 말은 그 효과가 얼마나 더 강력하겠는가?

4 자신 있게 행동하라

미국이 낳은 가장 유명한 심리학자인 윌리엄 제임스 교수는 다음과 같은 글을 남겼다.

"감정이 먼저이고 행동이 나중인 듯 보이지만, 사실 이 둘은 함께 움직인다. 그래서 좀 더 직접적으로 의지의 통제를 받는 행동을 조절하는 방법으로 우리는 의지의 통제를 받지 않는 감정을 간접적으로 조절할 수 있다.

예컨대, 유쾌한 기분이 사라졌을 때 유쾌함을 회복할 수 있는 최고의 자발적인 방법은 유쾌한 자세로 이미 유쾌한 것처럼 말하고 행동하는 것이다. 만약 이런 행동으로 유쾌한 기분을 회복하지 못한다면, 다른 어떤 방법으로도 할 수 없다. 이와 마찬가지로 용감하다고 느끼고 싶으면 실제로 자신이 용감한 것처럼 행동하고 그 목표를 위해 의지력을 총동원하라. 그러면 순간적으로 용솟음친 용기가 발작적인 두려움을 몰아낼 가능성이 크다."

제임스 교수의 충고를 응용해 보라. 청중 앞에 설 때 당신에게 이미 용기가 있는 것처럼 행동함으로써 용기를 끌어내라. 물론 연설 준비가 되어 있지 않으면, 무슨 연기나 행동을 해도 별 소용이 없을 것이다. 하지만 자신이 해야 할 말이 무엇인지 알고 있다면, 힘차게 앞으로 나서라. 그리고 깊이 호흡하라. 실은 청중과 대면하기 전에 30초간 심호흡하는 것이 좋다. 산소 유입량이 많아지면 기분도 좋아지고 용기도 생길 것이다. 유명한 테너 가수인 장 드 레슈케는 폐에 공기가 충분히 들어차면 불안이 사라진다고 말하곤 했다.

가슴을 펴고 바로 서서 청중의 눈을 똑바로 쳐다보고, 마치 그들이 당신에게 돈을 꾸어간 사람이라도 되는 양 자신 있게 말을 시작하라. 그들은 당신의 채무자이며, 상환 기간을 연장해 달라고 간청하기 위해 그 자리에 모인 거라고 상상하라. 그것은 심리적으로 당신에게 유익한 효과를 일으킬 것이다.

이런 생각이 과연 타당한 것인지 의심스럽다면, 이 책의 근거가 된 개념들을 먼저 실천해 본 선배 수강생들을 거의 아무나 붙잡고 몇 분간 이야기를 해보면 아마 생각이 달라질 것이다. 그들과 대화할 수 없다면, 용기의 상징으로 길이 빛날 미국인의 말을 믿어보는 건 어떤가? 그는 '소심'이라는 이름을 붙여도 될 만큼 정말 소심한 남자였지만, 자기 확신 연습을 통해 가장 대담한 남자로 거듭났다. 그가 바로 청중의 마음을 쥐고

흔들며 강력한 권력을 휘두른 미국의 대통령 시어도어 루스벨트이다. 그는 자서전에서 이렇게 고백하고 있다.

"소년 시절, 병약하고 수줍음이 많았던 나는 청년이 된 후에도 처음에는 겁이 많고 소심했으며 내가 지닌 힘을 믿지 못했다. 그래서 고통스럽고 힘들게 내 육체만이 아니라 영혼과 정신까지도 단련시켜야 했다."

다행히 그는 어떻게 스스로를 변화시킬 수 있었는지를 알려주고 있다. 그의 글을 더 따라가 보자.

"소년 시절, 영국의 해군 장교이자 소설가인 매리어트의 책을 읽다가 내 인생의 지침이 된 글을 접하게 되었다. 이 글에서 소형 영국 군함의 함장이 주인공에게 두려움을 없애는 법을 설명한다. 그의 말인즉슨, 처음에 전투에 참여할 때는 거의 누구나 겁에 질리지만 그 뒤에는 스스로를 통제하여 그냥 겁이 없는 척 행동한다는 것이다. 이 상태가 충분히 오래 계속되면 가식적인 연극이 실제 현실로 바뀐다. 그러니까 순전히 겁이 나지 않는 척하는 것으로 정말 두려움이 사라지게 된다는 것이다.

이것이 내가 이용한 방법이다. 처음에 내게는 온통 두려운 것투성이였다. 회색 곰, 사나운 말, 총격전 등 도대체 무섭지 않은 것이 없었다. 그러나 무섭지 않은

척 행동하다 보니까 차츰 무서움이 사라졌다. 마음만 먹으면 대부분 누구나 똑같은 경험을 할 수 있다."

연설 공포증의 극복은 우리가 하는 모든 일에 엄청난 가치를 더해 준다. 이 도전에 맞서는 사람은 그 때문에 더 나은 사람이 되며, 더 풍요롭고 충만한 삶을 살 수 있다는 사실을 깨닫게 된다.

한 세일즈맨은 이런 글을 남겼다. "수업 시간에 일어서서 몇 번 말을 해본 후에는 내가 상대하지 못할 사람이 없을 것 같았다. 어느 날 아침 나는 특별히 까다로운 구매 담당자를 찾아갔고, 그가 거절 의사를 밝히기 전에 책상 위에 샘플들을 펼쳐놓았다. 그리고 그때까지 받아본 적 없던 가장 큰 규모의 주문을 따낼 수 있었다."

한 가정주부는 우리 직원에게 이렇게 말했다. "저는 남들과 대화하는 게 서툴러 이웃들을 집에 초대하기가 두려웠어요. 그런데 몇 차례 수업을 듣고 두 발로 서서 말을 해본 후에는 용기를 내서 첫 번째 파티를 열었습니다. 굉장히 성공적이었죠. 저는 별로 어렵지 않게 흥미로운 화제로 분위기를 띄울 수 있었습니다."

한 사무직원은 졸업반 수업에서 이렇게 말했다. "전 고객들이 두려웠습니다. 그래서 그들에게 미안해한다는 인상을 주었지요. 그런데 수업 시간에 몇 차례 연설 연습을 하다 보니까 더 침착하고 자신 있게 말하게 되더군요. 저는 고객의 이의제기에 당당하게 대응하기 시작했습니다. 결국 이 수업을 들은 후 제 첫 달 매출이 45퍼센트 상승했습니다."

이들은 이 경험을 통해 다른 두려움과 불안도 쉽게 극복할 수 있으며, 전에는 실패했던 일도 어렵지 않게 성공할 수 있음을 알게 되었다. 당신 역시 대중연설을 연습하다 보면 자신감에서 비롯되는 확신과 당당함으로 일상의 문제에 대응할 수 있다. 또 인생이 제기하는 어려움과 갈등을 새롭게 형성된 자신감으로 잘 타개해 나갈 수 있을 것이다. 그리고 전에는 해결할 수 없던 상황들도 삶의 기쁨을 높여줄 수 있는 좋은 기회로 활용할 수 있을 것이다.

③ 빠르고 쉽게 익히는 효과적인 연설법

나는 낮에는 좀처럼 텔레비전을 보지 않는다. 그런데 한 친구가 최근에 주로 가정주부들을 대상으로 한 오후의 어떤 프로그램을 시청해 보라고 권했다. 그것은 시청률이 매우 높았고, 그 친구는 내가 그 프로그램의 청중이 참여하는 부분에 흥미를 느낄 것으로 생각했다. 확실히 그랬다. 나는 사회자가 방청객들을 대화에 끌어들이는 방식에 매료되어 그 프로그램을 몇 차례 시청했다. 이 사람들은 분명 전문 연사들이 아니었고, 의사소통 기술을 교육받은 적도 없었다. 개중에는 틀린 어법을 사용하고 발음이 엉망인 사람들도 있었다. 하지만 그들은 모두 재미있었다. 그들은 일단 말을 시작하면 카메라 따위는 전혀 개의치 않는 듯했고, 자연스럽게 청중의 시선과 주위를 휘어잡았다.

어떻게 그럴 수 있었을까? 나는 그 답을 알고 있다. 여러 해 동안 이 프로그램에서 사용된 기술을 이용해

왔기 때문이다. 이 평범한 보통사람들은 전국 시청자들의 주목을 한 몸에 받았다. 그들은 자기 자신에 대해, 그들이 경험한 가장 난처했던 순간과 가장 즐거웠던 기억에 대해, 또는 자신의 아내나 남편을 어떻게 만났는지에 대해 이야기했다. 그들은 서론, 본론, 결론을 생각하지 않았고, 자신의 말투나 문장 구조에 대해서도 신경 쓰지 않았다. 그럼에도 시청자의 관심과 주의를 잡아끌고 있었다. 내가 보기에 이것은 빠르고 쉽게 익히는 대중연설법을 위한 세 가지 기본 규칙 중 첫 번째가 생생히 구현되는 살아 있는 현장이었다.

1 경험이나 공부를 통해 알게 된 것을 말하라

 그 TV 프로그램에 나와 적나라한 삶의 이야기로 시청자의 흥미를 자극한 사람들은 자신의 개인적인 경험을 근거로 입담을 과시했다. 자신이 알고 있는 이야기를 한 것이다. 만약 그들에게 공산주의를 정의해 보라거나 유엔의 조직 구조를 설명해 보라고 주문했을 때, 그것이 얼마나 따분하고 하품 나는 프로가 되었을지 상상해 보라. 하지만 바로 이것이 무수한 연사들이 그 많은 모임과 연회에서 저지르는 실수이다. 그들은 개인적인 지식이 거의 혹은 전혀 없거나, 관심도 거의 혹은 전혀 가져본 적 없는 주제에 대해 말해야 한다고 느낀다. 그래서 애국심, 민주주의, 또는 정의 같은 주제를 고르고 몇 시간 동안 인용할 책이나 연사용 안내서를 뒤적인 다음, 대학 다닐 때 수강한 정치학 수업에서 주워들은 기억도 희미한 일반론을 급하게 조합하여 전혀 특별할 것 없이 그저 길고 지루하기만 한 연설을 늘어놓는다. 이런 연사들은, 청중이 흥미를 느끼는 것은 이 거창한 개념들을 현실적인 실제 삶의 이야기로 만들어주는 사실적인 소재라는 사실을 전혀 모르고 있다.

 몇 년 전, 시카고의 콘래드 힐튼 호텔에서 열린 데일

카네기 강좌 담당강사들의 지역 모임에서 한 학생 연사가 이런 식으로 말문을 열었다.

"자유, 평등, 박애. 이들은 인류의 사전에서 가장 강력한 단어들입니다. 자유가 없으면 인생은 살 만한 가치가 없어지지요. 모든 면에서 행동의 자유가 제약을 받을 경우 우리의 삶이 어떻게 될지 상상해 보십시오."

그는 거기까지만 말할 수 있었다. 적절하게도 강사가 제지했기 때문이다. 강사는 그에게 그가 말하는 것들의 가치를 신봉하는 이유와 그가 방금 말한 것을 뒷받침할 만한 어떤 증거나 개인적인 경험이 있는지를 물었다. 그러자 그는 놀라운 이야기를 들려주었다.

한때 그는 프랑스 지하조직의 저항 투사로 활동했다. 그는 자신과 그의 가족이 나치의 지배 하에서 겪은 모욕과 학대를 이야기했다. 또 그가 어떻게 비밀경찰의 감시를 피해 미국에 올 수 있었는지를 생생한 언어로 설명했다. 그리고 이렇게 마무리했다.

"오늘 미시간 거리를 걸어 이 호텔까지 왔을 때, 나는 원하는 대로 자유롭게 오고갈 수 있었습니다. 경찰을 지나쳤지만 그는 저를 쏘아보지 않았고, 이 호텔에 들어올 때도 신분증을 제시할 필요가 없었죠. 이 모임이 끝나면 시카고의 어디로든 내가 원하는 곳으로 갈 수 있습니다. 분명히 말씀 드리지만, 자유는 싸워 쟁취할 만한 가치가 있는 것입니다."

그는 청중들로부터 기립박수를 받았다.

인생이 가르쳐준 것을 이야기하라

인생이 가르쳐준 교훈을 이야기하는 연사들은 청중의 주의를 휘어잡는데 절대 실패하는 법이 없다. 하지만 내 경험으로 보건대 연사들은 이런 관점을 쉽게 수용하지 못하는 것 같다. 그들은 사적인 경험을 너무 시시하고 제한적이라 여겨 연설 주제로 택하기를 꺼린다. 그래서 오히려 일반적인 개념이나 철학적 원칙의 영역으로 뛰어들지만, 불행히도 이 세계는 보통사람들이 숨을 쉬기 어려울 정도로 공기가 너무 희박하다. 그들은 우리가 뉴스를 원할 때 사설을 제공한다. 물론 사설을 신문사의 편집장이나 발행인 같은, 그럴 자격이 있는 사람이 이야기할 때는 기꺼이 귀를 빌려줄 수 있다. 요점은 이렇다. 인생이 당신에게 가르쳐준 것을 이야기하라. 그러면 나는 귓바퀴를 바짝 세울 것이다.

에머슨은 아무리 지위가 낮은 사람이라 해도 기꺼이 그의 말을 경청했다고 한다. 만나는 사람이 누구든 그로부터 뭔가를 배울 수 있다고 여겼기 때문이다. 나는 아마 철의 장막 서쪽에 사는 사람 그 누구보다 남의 이야기를 더 많이 들었을 것이다. 그 경험을 근거로 자신 있게 말하는데, 연사가 자신의 삶에서 직접 배운 것을 이야기할 때는 그 교훈이 아무리 하찮거나 시시해 보여도 결코 지루함을 느껴본 적이 없었다.

예를 들어보자. 몇 년 전에 우리 강사 한 명이 뉴욕 시 은행에 근무하는 고위 임원들을 상대로 대중연설 강의를 진행했다. 당연히 이런 수강생들은 시간이 많지 않았기 때문에 제대로 준비하기 어려울 때가 많았다. 평생 그들은 자신만의 사적인 생각을 해오고 자신의 사적인 신념을 정립하며 자신만의 독특한 관점으로 사물을 보고 자신만의 경험세계를 구축해 왔다. 말하자면 연설을 위한 자료를 축적하며 40년을 보낸 것이다. 하지만 그들 중에는 이런 사실을 깨닫지 못하는 사람들이 있었다.

어느 금요일, 시 외곽의 한 은행에 근무하는 어떤 신사—편의상 그를 잭슨 씨라고 부르겠다.—는 시간이 4시 30분이 된 것을 알았다. 무슨 이야기를 해야 할까? 그는 사무실에서 나와 신문 가판대에서 <포브스>지를 산 뒤 수업이 있는 연방준비은행으로 가는 지하철 안에서 잡지를 펼쳐들었다. 그리고 '성공할 시간은 10년밖에 없다.'라는 제목의 기사를 읽었다. 딱히 관심이 있어서라기보다 자기에게 할당된 시간을 채우려면 뭔가에 대해 말을 해야 했기 때문에 그 기사에 눈길을 주었다.

한 시간 뒤에 그는 자리에서 일어나 이 기사의 내용을 재료로 재미있고 설득력 있는 이야기를 꾸며보려 했다.

결과는 어땠을까? 그는 자신이 말하려는 내용을 소화 흡수하지 못했다. '말하려고 애썼다.'는 표현이 정확할 것이다. 그는 애를 쓰고 있었다. 또 그의 말에는 진정한 메시지가 없었다. 그것은 그의 태도와 어조에서 확연히 드러났다. 그러니 어떻게 청중들이 자기 이상으로 그 이야기에 감동받기를 기대할 수 있겠는가? 그는 글을 쓴 저자가 이랬느니 저랬느니 하며 계속 그 기사를 언급했다. 그의 연설 속에는 포브스 매거진이라는 말만 무성했지, 유감스럽게도 잭슨 씨 자신과 관련된 이야기는 거의 전무했다. 그가 이야기를 마치자 강사가 말했다.

"잭슨 씨, 우리는 그 기사를 쓴 잘 알지도 못하는 인물에게는 관심이 없습니다. 그 사람은 여기 없습니다. 우린 그를 볼 수 없어요. 우리가 관심 있는 것은 당신과 당신의 생각입니다. 개인적으로 당신이 생각하는 것을 말하십시오. 다른 사람이 말한 내용이 아니란 말입니다.

이 이야기에 잭슨 씨에 관한 내용을 더 많이 추가하십시오. 다음 주에 다시 이 주제를 다루어보세요. 이 기사를 다시 읽으세요. 그리고 자신이 글쓴이의 의견에 공감하는지 자문해 보십시오. 만약 동의한다면, 자신의 경험에 근거한 관찰을 토대로 동의하는 이유를 예시하세요. 동의하지 않는다면 그 이유를 말씀하시고요. 이 기사를 당신의 이야기를 전개하기 위한 출발점으로 삼으십시오."

그래서 그 기사를 다시 읽은 잭슨 씨는 자신의 생각이 사실은 그 저자의 의견과 전혀 다르다고 판단했다. 그는 기억의 창고를 뒤져 저자의 의견에 반대할 만한 근거가 되는 사례들을 찾았다. 그리고 은행 임원으로서 겪은 경험을 토대로 자신의 생각을 발전시키고 확장했다. 다음 주에 강의실에 돌아온 그는 자신의 경험에 기초한, 자신의 확신으로 가득한 이야기를 풀어놓았다. 잡지 기사를 재탕하는 대신 자신의 광산에서 캐낸 광석과 자신의 주조소에서 찍어낸 화폐를 보여준 것이다. 청중에게 어떤 강연이 더 강력한 울림을 주었을까? 이에 대한 판단은 여러분에게 맡기겠다.

자신의 개인사에서 주제를 찾아라

한 번은 우리 강사들에게 초보 연사들을 가르칠 때 겪게 되는 가장 큰 문제가 무엇이라고 생각하는지를 적어서 제출하도록 요청한 적이 있다. 그 내용을 분석한 결과, '적합한 주제를 선택하게 하는 것'이 강의 초기에 가장 자주 겪게 되는 문제인 것으로 드러났다.

무엇이 적합한 주제일까? 만약 어떤 주제가 내 삶의 일부이며 경험과 반성을 통해 그것을 나 자신의 것으로 만들었다면 그것은 분명 내게 적합한 주제이다. 그런 주제를 어떻게 찾을까? 기억 속을 파고들어 내게 강렬한 인상을 남겼던 내 인생의 의미 있는 측면들을 탐색하는 것이다. 몇 년 전, 우리는 수강생들의 관심을 끈 주제들을 조사한 적이 있다. 그 결과 청중이 가장 좋아하는 주제들은 상당히 한정된 개인의 경험 영역과 관련이 있었다.

어린 시절과 성장 환경

가족, 어린 시절의 기억, 학창 시절과 관련된 주제는 항상 사람들의 주목을 받는다. 대부분의 사람들은 남들이 성장 과정 중에 만난 각종 장애를 어떻게 극복했는지에 관심이 있기 때문이다.

가능하면 언제든 이야기 속에 어린 시절의 사례들을 포함시켜라. 초년기에 세상이 제기하는 도전에 맞서 싸우는 주제를 다룬 연극이나 영화, 혹은 소설의 인기는 연설의 주제로서 이 분야가 지니는 가치를 증명해 준다. 하지만 어렸을 때 내가 겪은 일에 누군가가 관심을 보이리라는 것을 어떻게 확신할 수 있을까? 시험해 볼 수 있는 방법이 하나 있다. 오랜 시간이 흐른 뒤에도 기억 속에 또렷이 각인되어 있는 어떤 경험이 있다면, 그것은 거의 틀림없이 청중의 관심도 자극할 것이다.

초년의 고생담

　이것 역시 인간의 관심을 자극하는 주제이다. 여기서도 당신이 어린 시절에 어떻게 세상에 흔적을 남기려 했는지를 소개함으로써 사람들의 주목을 받을 수 있다. 어떻게 특정한 직업을 갖게 되었는가? 어떤 상황 때문에 그 직업을 선택하게 되었는가? 경쟁 세계에서 자신의 입지를 구축하는 과정에서 경험한 좌절, 실패, 희망, 승리를 이야기하라. 제대로만 전달되면 실제 경험담은 누구의 것이든 거의 확실한 주제이다.

취미와 여가생활

이 영역의 주제들은 개인적인 선택에 기초하고 있고, 따라서 청중의 흥미를 동하게 할 만한 주제이다. 당신이 그저 좋아서 하는 일에 대한 이야기는 잘못 되는 법이 없다. 특별한 취미에 대한 당신의 꾸밈없는 열정이 이 주제를 더욱 인상적으로 만들 것이다.

특정 분야의 지식

오랜 시간 한 우물만 파다 보면 그 분야의 전문가가 된다. 다년간의 경험이나 연구를 기초로 자신이 하는 일과 관련된 여러 측면을 이야기한다면 분명 청중의 관심을 끌 것이다.

특별한 경험

위대한 인물을 만난 적이 있는가? 전쟁에 참전하여 적군의 포화 세례를 받은 적이 있는가? 살면서 정신적인 위기를 겪은 적이 있는가? 이것들은 최고의 연설 소재에 속하는 경험들이다.

신념과 신조

아마 당신은 많은 시간과 노력을 들여 오늘날 세계가

당면한 주요 문제들에 대해 나름의 생각을 정립했을지 모른다. 만약 오랜 시간 공들여 어떤 중요한 문제를 연구했다면, 당신은 그에 대해 말할 권리를 얻은 것이다. 하지만 그 이야기를 전할 때는 반드시 확신의 근거가 되는 구체적인 예들을 제시하라. 청중들은 그저 일반론 일색인 이야기에서는 재미를 느끼지 못한다. 이런 주제에 대한 준비로는 그저 신문기사 몇 개 읽는 것으로 충분하다고 생각하지 말라. 어떤 주제에 대해 청중보다 더 잘 아는 것이 별로 없다면, 그에 대한 이야기는 피하는 것이 상책이다. 반면 다년간 특정 주제를 생각하고 연구했다면, 그것은 틀림없이 당신에게 맞는 주제이다. 무슨 수를 쓰든 그 주제를 이용하라.

앞에서도 지적했듯이, 연설 준비는 단지 종이 위에 기계적인 단어들을 나열하거나 일련의 어구들을 암기하는데 있지 않다. 또 급하게 읽은 책이나 신문기사에서 아이디어를 슬쩍 훔치는 것도 아니다. 연설을 준비한다는 것은 자신의 마음과 지성의 광산을 깊이 파고 들어가 인생이 그곳에 저장해 놓은 중요한 신념이나 신조를 캐내는 것이다. 그곳에 귀중한 광석이 있다는 것을 절대 의심하지 말라. 정말 있다! 풍부한 경험과 신념의 보물이 그 안에서 당신에게 발견되기만을 기다리고 있다. 청중 앞에 꺼내 놓기에는 그들이 너무 사적이며 시시하다고 무시하지 말라. 나는 이런 이야기를 꽝장히 즐기고 또 큰 감동을 받았다. 많은 전문 연사들의 이야기보다 더 즐겁고 감동적이었다.

자신이 말할 권리를 얻은 주제를 이야기하는 방법을 통해서만 우리는 빠르고 쉽게 대중연설법을 배우기 위한 다음의 두 번째 요건을 충족시킬 수 있을 것이다.

2 자신의 주제에 대해 흥분하라

우리가 말할 권리를 획득한 모든 주제가 다 자신을 흥분시키는 것은 아니다. 예컨대, 뭐든 '스스로 하자.'는 주의인 나는 분명 설거지에 대해 말할 자격이 있다. 그런데 어쩐 일인지 이 주제에 대해서는 흥분이 되지 않는다. 사실 이 주제에 대해서는 차라리 완전히 잊고 싶다. 그러나 가정주부들 – 말하자면, 가정의 경영자들 – 은 바로 이 주제에 대해 아주 놀라운 이야기를 들려준다. 그들은 도대체 끊일 날이 없는 설거지에 대해 굉장한 분노를 느끼거나, 아니면 이 마음에 안 드는 일을 피해갈 수 있는 아주 기발한 방법을 개발했기 때문에 정말 그것에 관해 흥분을 느꼈다. 그래서 설거지라는, 어찌 보면 할 말이 별로 없을 것 같은 주제를 가지고도 아주 재미있는 이야기를 엮어낼 수 있었던 것이다.

여기 당신이 공개적으로 말할 자격이 있다고 느끼는 주제가 과연 적합한지 여부를 판단하는데 도움이 될 질문이 하나 있다. 만약 누군가가 벌떡 일어나 당신의 견해에 정면으로 반박할 경우, 확신과 열의를 갖고 자신의 입장을 방어할 수 있겠는가? 만약 그렇다면 당신은 적합한 주제를 선택한 셈이다.

최근에 나는 1926년 스위스의 제네바에서 열린 제7차 국제연맹 총회에 참석한 후 적어두었던 메모를 발견했다. 여기 한 단락을 소개한다.

"연사 서너 명이 따분한 연설 원고를 읽어댄 후, 캐나다의 조지 포스터 경이 바통을 넘겨받았다. 나는 그가 원고나 어떤 메모지도 없이 연단에 오른 것을 보고 굉장히 흡족해했다. 그는 거의 말하는 내내 손짓 몸짓을 써가며 열변을 토했다. 그의 말에는 진심이 담겨 있었다. 또 청중에게 몹시 전하고 싶어 한 메시지가 들어 있었다. 그가 마음속에 소중히 갈무리된 신념을 전달하기 위해 진지하게 노력하고 있다는 사실은 창 밖 제네바 호수의 존재만큼이나 명백해 보였다. 내가 내 강의에서 가르쳐온 원칙들이 그 연설에서 아름답게 구현되었다."

나는 자주 조지 경의 그 연설을 떠올린다. 그는 성실했고 진지했다. 이 진정성은 머리로 이해할 뿐 아니라 마음으로 공감하는 주제를 선택할 때만이 분명히 표현될 수 있다. 미국에서 가장 역동적인 연사로 꼽히는 풀턴 J. 쉰 주교도 일찌감치 이 교훈을 체득했다.

그가 자신의 저서 《인생은 살 가치가 있다 *Life Is Worth Living*》에 쓴 글을 인용해 보겠다.

"나는 대학 다닐 때 토론부의 일원으로 선정되었다.

토론이 있기 전날 밤에 토론부 지도교수님이 나를 교수실로 불러 꾸중했다. '자넨 아주 형편없어. 이 대학 역사상 자네보다 형편없는 연사는 본 적이 없네.'

이에 나는 스스로를 방어하며 말했다. '제가 그렇게 형편없다면 왜 저를 팀에 뽑으신 겁니까?' 교수님이 대답했다. '그건 자네가 말을 할 수 있기 때문이 아니라 생각할 수 있기 때문이지. 저리로 가서 자네 연설의 한 단락을 연습해 보게.'

나는 한 시간 동안 그 단락을 반복 연습했고, 연습을 마쳤을 때 교수님이 물었다. '뭐가 문제인지 알겠는가?' '모르겠습니다.' 다시 1시간 반, 두 시간, 두 시간 반 동안 연습이 이어졌고, 마침내 나는 완전히 지쳐버렸다. 다시 교수님이 물었다. '아직도 뭐가 문제인지 못 알아보겠나?'

비교적 머리 회전이 빠른 편이었던 나는 그나마 두 시간 반이 지난 뒤에야 뭔가 집히는 게 있었다. '알 것 같습니다. 전 진실하지 않았습니다. 전 제 자신이 아니었습니다. 제 말에는 진심이 담겨 있지 않았습니다.'"

그때 쉰 주교는 평생 잊지 못할 교훈을 배웠다. 바로 내가 하는 말에 내 마음이 들어가 있어야 한다는 것이다. 그는 자신의 주제에 대해 흥분했다. 그때서야 현명한 교수님은 말씀하셨다. "이제야 말할 준비가 되었군!"

수강생들이 "전 어떤 것에 대해서도 흥분을 못 느낍니다. 그냥 지극히 평범한 삶을 살고 있죠."라고 말할 때, 우리 강사들은 그 학생에게 여가 시간에 무엇을 하는지 묻는다. 누구는 영화를 보러가고, 누구는 볼링을 하며, 장미를 키우는 학생도 있다. 종이성냥을 모은다고 대답한 학생도 있었다. 강사가 이 특별한 취미에 대해 계속 질문을 하자 그는 차츰 목소리에 생기가 돌았다. 그는 곧 손짓 몸짓을 해가며 종이성냥을 모아둔 장식장을 묘사했고, 세계 거의 모든 나라의 종이성냥을 수집해 놓았다고 자랑했다. 자신이 좋아하는 주제에 대해 잔뜩 흥분해 있는 그에게 강사가 물었다.

"이 주제에 대해 말하는 건 어때요? 아주 재미있을 것 같은데."

그는 그런 것에 관심을 보일 사람이 있으리라고는 생각하지 못했다고 말했다. 그에게 그 취미는 오랜 세월 동안 거의 열정이었지만, 그것이 지닌 연설 주제로서의 가치에 대해서는 부정적이었다. 이에 강사는 그에게 어떤 주제의 관심 유발 가치를 측정하는 유일한 방법은 자기 자신이 그것에 얼마나 관심이 있는지를 자문하는 것이라고 말했다. 그날 밤, 그는 진정한 수집가의 열정을 가지고 이야기했고, 나중에 내가 들은 바로는 다양한 오찬회에 불려나가 종이성냥 수집에 대한 이야기로 지역에서 어느 정도 알아주는 명사가 되었다고 한다.

이 사례는 대중연설을 빠르고 쉽게 배우고 싶어 하는 사람들을 위한 세 번째 지침으로 곧장 연결된다.

3. 자기 이야기의 공유를 간절히 열망하라

 모든 말하기 상황은 세 가지 요소로 이루어진다. 바로 연사, 연설 혹은 메시지, 그리고 청중이다. 이 단락의 처음 두 가지 규칙은 연사와 연설 간의 상호관계를 다루었다. 이 시점까지 말하기 상황은 없다. 연사가 자기 이야기를 청중에게 전할 때 비로소 말하기 상황이 펼쳐진다. 연설은 잘 준비되었는지 모른다. 또 그것은 연사가 흥분을 느끼는 주제일 수도 있다. 그러나 완전한 성공을 위해서는 전체 과정에 하나의 요소가 더 필요하다.

 연사는 청중에게 자신이 하려는 말이 그들에게도 중요하다고 느끼게 만들어야 한다. 그는 자신의 주제에 대해 흥분하는 것으로 그치지 않고, 이 흥분을 청중에게 전염시키고픈 강한 열망이 있어야 한다. 웅변의 역사에 찬란히 빛나는 모든 연사들에게는 바로 이 세일즈맨십, 혹은 복음전도의 정신-뭐라고 불러도 좋다.-이 있었다. 유능한 연사는 청중이 자신이 느끼는 것을 느끼고 자신의 견해에 동의하며, 그가 옳다고 생각하는 일을 하고, 함께 그의 경험을 즐기고 다시 체험하기를 간절히 바란다. 그는 자기중심적이지 않고 청중 중심적이다. 그리고 연설의 성패는 자신이 결정하는 것이 아니라, 청중들의 가슴과 머릿속에서 결정된다는 사실을 알고 있다.

근검절약 캠페인이 전개되는 동안 나는 미국은행협회 뉴욕 지부에서 스피치 교육을 진행한 적이 있다. 그런데 특히 학생 한 명이 청중의 마음을 흔들어놓지 못하고 있었다. 그를 도울 때는 먼저 그의 마음에 자기 주제에 대한 열정의 불을 지피는 것이 중요했다. 그래서 나는 그에게 열정이 느껴질 때까지 이 주제를 깊이 숙고하라고 말했다. 또 뉴욕의 유언 검인 법원 기록에 따르면 85퍼센트 이상의 사람들이 사망 시에 한 푼도 남기지 않으며, 3.3퍼센트만이 10,000달러 이상을 남긴다는 사실을 기억하라고 주문했다. 그리고 그는 사람들에게 뭘 해달라고 부탁하는 것도 아니고 그들이 할 수 없는 일을 해달라고 간청하는 것도 아니라는 점을 잊지 말라고 했다. 그는 자신에게 이렇게 말해야 했다. '나는 이 사람들이 노년에 빵과 고기를 먹고 좋은 옷을 입고 편안하게 살며 그들의 아내와 자식들에게 안정된 삶을 제공할 수 있도록 미리 준비시키는 거야.' 그는 자신이 하려는 일이 일종의 대단한 사회봉사임을 기억해야 했다. 한 마디로, 그는 십자군 전사가 되어야 했다.

그는 이런 사실들을 깊이 생각하며, 자신의 가슴속에 아로새겼다. 그 결과 차츰 자신의 주제에 관심을 갖고 스스로의 열정에 불을 지폈으며, 자신에게 정말 사명이 있다고 느끼게 되었다. 그 뒤에 연단에 서서 토해낸 확신이 담긴 그의 말에는 울림이 있었다. 그는 사람들을 돕고 싶은 강한 열망이 있었기에 그들에게 근검절약의 가치를 납득시킬 수 있었다. 그는 더 이상 그저 사실들로만 무장한 연사가 아니라, 사람들을 가치 있는 대의로 개종시키려는 전도사였다.

  나는 강사로 일해 오면서 한때 대중연설의 교과서적인 규칙에 많이 의존한 적이 있다. 그때는 지나치게 도식적인 웅변술의 한계를 벗어나지 못한 교사들이 내게 주입시킨 일부 나쁜 습관들을 그냥 그대로 모방했을 뿐이다.

  처음으로 대중연설 수업을 듣던 때가 지금도 기억에 생생하다. 그들은 팔의 힘을 뺀 채 옆으로 내려뜨리고 손바닥은 뒤를 향하게 하며 손가락들은 반쯤 오므리고 엄지손가락은 다리에 갖다 대라고 가르쳤다. 또 팔을 멋진 곡선 형태로 들어 올리고 팔목을 우아하게 돌린 후 먼저 집게손가락을, 그 다음엔 가운데손가락, 맨 마지막에 새끼손가락을 펴도록 훈련받았다. 이런 심미적이고 장식적인 동작을 다 끝내면 팔을 곡선을 그리며 원위치시켜 다시 다리 옆에 붙였다. 전체 동작은 어색하고 꼴사납고 억지스러웠다. 거기에 합리적이거나 진실한 요소는 전혀 없었다.

나를 가르쳤던 강사는 내 연설에 나만의 개성을 담지 못하게 했고, 내가 청중과 열정적으로 대화하는 살아 있는 정상적인 인간처럼 말하지 못하게 했다.

이런 기계적인 접근법을 지금까지 이 단락에서 논의해 온 세 가지 주요 규칙을 이용한 스피치 훈련과 비교해 보라. 그것들은 효과적인 말하기 훈련에 대한 나의 전체적인 접근 방식의 근간이다. 여러분은 이 책에서 그 규칙들을 계속 만나게 될 것이다. 다음 장에서는 이 세 가지 규칙 각각을 더 자세히 설명한다.

제2장

연설 · 연사 · 청중

1 말할 자격을 갖추어라

오래 전에 철학박사 한 사람과 영국 해군에서 청춘을 보낸 거칠고 세련되지 못한 한 남자가 뉴욕에서 우리 강좌에 등록했다. 박사학위를 지닌 남자는 대학교수였고, 전직 바다 사나이는 소규모의 화물자동차 운송회사를 운영했다. 그런데 사람들은 교수의 연설보다는 이 바다 사나이의 연설에 훨씬 더 뜨거운 반응을 보였다. 왜 그랬을까? 대학교수는 도시 출신에 교양 있고 세련된 인물이었으며, 품위 있는 영어를 구사했다. 그의 말은 항상 논리적이고 명쾌했다. 그러나 거기에는 아주 중요한 한 가지 요소가 빠져 있었다. 바로 구체성이었다. 그의 말은 모호하고 일반적이었다. 어떤 요점을 전달할 때, 그는 한 번도 개인적인 경험이라 할 만한 구체적인 사례로 뒷받침하지 않았다. 그의 연설은 대개 일련의 추상적인 개념들을 논리라는 가느다란 실로 이어 붙인 것에 불과했다.

반면 그 운송회사 사장의 언어는 명확하고 구체적이며 생생했다. 그가 하는 말은 일상적인 사실에 토대를 두었으며, 한 가지 요점을 툭 던지고 나서는 자신이 경험한 실제 사례로 보강했다. 그리고 자신이 상대해야 했던 사람들과 규정을 지키는데 따르는 여러 골치 아픈 일들을 설명했다. 남성적인 힘과 생기로 충만한 그의 말투에는 이야기를 굉장히 유익하고 재미있게 만드는 힘이 있었다.

내가 이 사례를 끌어온 것은, 그것이 대학교수나 운송업자들의 전형적인 모습이라서가 아니라, 풍부하고 다채로운 세부 묘사가 지닌 주의 장악력을 잘 보여주고 있기 때문이다.

확실하게 청중의 관심을 끌 수 있는 연설 소재를 개발하는 방법에는 4가지가 있다. 연설을 준비할 때 이 네 가지 단계를 잘 따른다면, 청중의 시선을 한 몸에 받는 거야 식은 죽 먹기가 될 것이다.

1 주제를 한정하라

일단 주제를 선택한 후에 제일 먼저 해야 할 일은 자신이 다루고 싶은 분야의 경계를 정하고 철저히 그 경계 내에 머무는 것이다. 그 경계 너머까지 넘보려는 욕심을 부려서는 안 된다. 어떤 청년은 'B.C. 500년의 아테네에서 한국전쟁까지'라는 주제로 2분간 연설을 하려 했다. 이 얼마나 무모한 시도인가? 결국 그는 아테네 시가 건설된 이후에 대해서는 한 마디도 못 하고 자리에 앉아야 했다. 하나의 이야기에 너무 많은 것을 욱여넣으려는 욕심을 부렸던 것이다. 물론 이것은 극단적인 사례이다.

하지만 나는 이보다는 작은 범위를 포괄하면서도 똑같은 이유로 청중의 주목을 받는 데는 실패한 무수한 연설을 목격했다. 모두 전하려는 요점을 너무 많이 설정한 것이다. 왜 이런 일이 생길까? 단조롭게 나열되는 사실적인 사항들에는 우리의 머리가 계속 집중하기 힘들기 때문이다. 만약 당신의 이야기가 세계연감처럼 들린다면, 청중의 주의를 그리 오래 붙잡아둘 수 없을 것이다.

'옐로스톤 국립공원 여행' 같은 간단한 주제를 예로

들어보자. 대부분의 사람들은 이 공원의 경치 좋은 곳을 하나도 빠뜨리지 않고 일일이 다 언급하려 한다. 그러면 청중들은 정신없는 속도로 이곳에서 저곳으로 롤러코스터를 타게 되며, 결국 머릿속에는 폭포, 봉우리, 간헐 온천들의 희미한 형체만 남아 있게 된다. 만약 연사가 야생동물이나 온천 같은, 이 공원의 한 가지 측면으로 주제를 한정했다면 그 내용이 청중의 뇌리에 훨씬 더 또렷이 각인되었을 것이다. 그리고 옐로스톤 공원의 강렬한 색채와 다채로움을 돋보이게 하는 그림 같은 묘사에 할애할 시간도 더 많이 확보하게 될 것이다.

이것은 영업 기술, 케이크 굽기, 세금 면제, 혹은 탄도미사일 등 주제에 상관없이 어디에나 적용되는 원칙이다. 당신은 시작하기 전에 주제를 선택하고 한정하며, 할당된 시간에 맞춰 주제의 폭을 좁혀야 한다.

5분이 넘지 않는 짧은 연설에서는 기껏해야 한두 가지 요점을 제대로 전달할 수 있을 뿐이다. 최대 30분에 이르는 긴 연설에서도, 4개나 5개 이상의 요점을 다루려고 할 때는 실패하기 십상이다.

2 예비자원을 비축하라

사실을 깊이 파고들기보다는 수박의 겉만 핥는 식의 연설을 하는 편이 훨씬 쉽다. 하지만 쉬운 길을 택할 때는 청중에게 거의 혹은 전혀 감동을 줄 수 없다. 주제의 폭을 좁힌 후의 다음 단계는 스스로에게 주제에 대한 이해를 높여줄 질문을 하고, 선택한 주제에 대해 자신 있게 말할 수 있는 준비를 하는 것이다. 가령 이렇게 자문하라. '나는 왜 이 요점이 중요하다고 믿는가? 나는 언제 실제 삶에서 그것이 구체화되는 것을 보았는가? 나는 정확히 무엇을 증명하려 하는가? 그 일은 정확히 어떻게 일어났는가?'

이런 질문들에 대한 답을 찾으면 당신은 예비자원을 확보하는 셈이다. 이 자원이야말로 사람들이 똑바로 앉아 당신의 말에 주목하게 만드는 힘이다. 식물학의 귀재로 통하는 루터 버뱅크는 최상의 표본 한두 개를 찾아내기 위해 백만 개나 되는 식물 표본을 만들었다고 한다. 연설의 경우도 마찬가지이다. 당신의 주제와 관련된 생각 100개를 모은 후 90개는 폐기하라.

저널리스트이자 작가인 존 건터는 얼마 전에 이렇게 말했다.

"저는 항상 실제 사용하는 양보다 열 배, 때로는 백 배나 많은 정보를 확보하려고 합니다."

베스트셀러 《인사이드》 시리즈를 펴낸 그는 책을 쓰거나 연설을 할 때 바로 이런 식으로 준비했다. 특히 한번은 행동으로 자신의 말을 증명했다. 1956년에 그는 정신병원에 대한 시리즈 기사를 준비하고 있었다. 그래서 관련 시설들을 방문해서 감독, 간병인, 그리고 환자들과 대화했다. 내 친구 하나가 그를 따라다니며 연구에 조금 힘을 보탰는데, 그가 내게 말하기를 그들은 매일 수도 없이 계단을 오르내리고 복도를 걷고 건물과 건물 사이를 분주히 오갔다고 한다. 그 과정에서 건터 씨는 많은 내용을 메모하며 공책들을 빼곡히 채웠다. 사무실에는 중앙정부와 주정부의 보고서, 민간병원의 보고서, 그리고 다량의 위원회 통계자료들을 쌓아두었다.

그 친구가 내게 말했다. "결국 건터 씨는 네 편의 짧은 기사를 썼지. 좋은 연설 원고로 손색이 없을 정도로 간결하고 일화도 풍부했어. 그것을 타이핑해 넣은 종이는 무게가 아마 100그램도 안 되었을 거야. 그런데 그 정도의 기사를 쓰기 위한 기초자료로 이용한 공책들과 그 외의 자료들을 모두 합하면 거의 10킬로그램 가까이 되었을걸."

건터는 자신이 노다지를 찾고 있음을 알고 있었다. 그래서 어느 것 하나 허술히 보아 넘겨서는 안 된다고 생각했다. 이런 종류의 일에 일가견이 있었던 그는 전력을 기울였고 결국 금덩이를 찾아냈다.

외과 의사인 내 친구는 이렇게 말했다.

"난 자네에게 10분 만에 맹장을 들어내는 법을 가르칠 수 있지. 하지만 뭔가가 잘못될 경우 어떻게 해야 할지를 가르치는 데는 4년이 걸릴 걸세." 말하기의 경우도 마찬가지이다. 돌발 상황에 대비해 항상 준비를 해두어야 한다. 이를테면, 앞에 나온 연사의 발언 때문에 강조해야 할 사항을 바꿔야 할 수도 있고, 아니면 연설이 끝난 후 토론 시간에 청중의 날카로운 질문에 답변해야 하는 상황이 생길 수도 있는 것이다.

당신 역시 주제를 가능한 빨리 선택하는 방법으로 예비자원을 확보할 수 있다. 연설 예정일을 하루나 이틀 남겨놓은 시점까지 결정을 미루지 말라. 주제를 일찍 정해 놓으면 당신의 잠재의식이 그에 맞춰 움직이기 때문에 굉장한 이점을 얻게 된다. 또 비교적 한가로운 시간에 틈틈이 주제를 탐색하며 청중에게 전달하고 싶은 개념을 정리하고 다듬을 수 있다. 차를 몰고 퇴근하거나 버스를 기다리거나 지하철 안에 있을 때처럼 보통

몽상을 하며 보내는 시간에는 연설의 주제를 깊이 생각해 볼 수 있다. 통찰의 빛은 바로 이 부화 기간에 번쩍한다. 그것은 주제를 일찌감치 정해둔 탓에 당신의 마음도 무의식적으로 그에 맞춰 움직이기 때문이다.

자신의 정치적 견해에 반대하는 청중들로부터도 존경어린 주목과 관심을 받았던 탁월한 연사 노먼 토머스는 이렇게 말했다.

"어떤 연설이 의미 있고 가치 있는 것이 되려면, 연사는 연설의 주제나 메시지를 늘 곱씹고 머릿속에서 수시로 공글리며 되새김질해야 합니다. 그러면 길을 걷거나 신문을 읽거나 잠자리에 들거나 아침에 일어날 때 유용한 실례나 표현 방법이 아주 많이 떠오르는 것을 보고 놀라게 되지요. 평범한 연설은 단지 평범한 사고의 반영이자 주제에 대한 불완전한 지식의 결과일 경우가 아주 많습니다."

이 과정에서 당신은 연설 내용을 한 자 한 자 기록하고픈 유혹을 강하게 느낄 것이다. 이 유혹을 물리쳐라. 어떤 패턴을 정해 놓으면 그것에 만족하여 더 이상의 건설적인 생각을 중단하기 쉽기 때문이다. 게다가 원고를 암기할 위험도 있다. 마크 트웨인도 이런 암기 성향을 경계했다.

"글은 연설용이 아니다. 그것의 형식은 문학적이고, 딱딱하고 융통성이 없으며 혀를 통한 즐겁고 효과적인 연설에 도움이 되지 않는다. 연설의 목적이 가르치는 것이 아니라 그저 청중을 즐겁게 하는 것일 때는 유연하고 파격적이며 구어체 형식을 취해야 하고, 미리 계획하지 않은 형태의 이야기로 바뀌어야 한다. 그렇지 않으면 청중이 하품하기 쉽다."

제너럴 모터스의 성장에 견인차 역할을 한 창의적 천재 찰스 F. 케터링은 미국에서 가장 유명하고 마음이 따뜻한 연사로 꼽힌다. 자신의 연설 전부, 혹은 일부를 글로 적은 적이 있느냐는 질문을 받았을 때 그는 이렇게 대답했다.

"제가 하려는 말은 종이 위에 끼적이기에는 너무 중요하다고 생각합니다. 굳이 글을 쓴다면 제 전부를 던져 청중의 머리와 가슴에 쓰고 싶습니다. 저와 청중 사이에 종이 쪼가리가 들어설 자리는 없습니다."

3. 연설을 실례와 사례로 가득 채워라

《읽기 쉬운 글짓기 기술 *Art of Readable Writing*》이라는 책에서 루돌프 플레슈는 한 장(Chapter)의 서두를 이 문장으로 시작한다. "정말 재미있게 읽을 만한 것은 이야기뿐이다." 그리고 이 원칙을 <타임>과 <리더스 다이제스트>가 어떻게 이용하는지 보여준다. 최고 판매부수를 자랑하는 이 잡지들의 거의 모든 기사는 순수한 이야기 형태로 쓰이거나, 아니면 여기저기에 일화가 많이 실려 있다. 이처럼 잡지 기사는 물론 대중연설을 위해서도 사람의 주목을 끄는데 있어 이야기가 지니는 힘을 부정할 수는 없다.

라디오와 텔레비전을 통해 수백만의 사람들에게 설교를 전하는 노먼 빈센트 필은 연설 중에 자신이 즐겨 이용하는 형태의 보충자료는 실례나 사례라고 말한다. 그는 계간지 <저널 오브 스피치>의 인터뷰 진행자에게 이렇게 말한 적이 있다.

"실제 사례를 이용하는 것이야말로 생각을 명확하고 재미있으며 설득력 있게 만들 수 있는 제가 아는 가장 좋은 방법입니다. 보통 저는 각각의 주요 요점을 뒷받침하기 위해 몇 개의 사례를 이용하지요."

내 책의 독자들은 메시지의 핵심 논점을 보강하는 방법으로 내가 일화를 이용한다는 사실을 금방 알아보게 된다. 가령 《인간관계론 *How to Win Friends and Influence People*》의 내용 중에서 원칙들만 추려 열거한다면, 한 페이지 반 정도로 충분할 것이다. 그 책의 나머지 230페이지는 사람들이 어떻게 이 원칙들을 효과적으로 이용했는지를 강조하기 위한 이야기와 사례들로 채워져 있다.

그러면 실례가 되는 자료들을 이용하는 가장 중요한 이 기술을 어떻게 습득할 수 있을까? 이를 위한 방법에는 다섯 가지가 있다. 바로 인간적 관심을 자극하고, 개인화하고, 구체화하고, 극적으로 표현하고, 시각화하는 것이다.

인간적 관심을 자극하라

한 번은 파리에서 활동하는 미국인 사업가들에게 '성공하는 법'에 대해 강연을 해달라고 요청한 적이 있다. 그러나 그들 대부분은 그저 추상적인 여러 자질들을 나열하며 근면, 끈기, 야망의 가치를 설교하듯 전달했다. 그래서 나는 진행을 중단시키고 이런 식으로 말했다.

"우리는 강의를 들으려는 게 아닙니다. 그런 걸 좋아

하는 사람은 아무도 없지요. 청중의 귀를 즐겁게 해야 한다는 점을 잊지 마세요. 안 그러면 그들은 여러분이 무슨 말을 하든지 그냥 한 귀로 흘려들을 겁니다. 또 세상에서 가장 재미있는 것이 승화되고 미화된 가십이라는 사실을 기억하십시오. 그러니 여러분이 알고 있는 두 사람의 이야기를 하세요. 왜 한 사람은 성공했고 다른 사람은 실패했는지를 말씀하세요. 그런 이야기에는 사람들이 기꺼이 귀를 열고 오래 기억하며 아마 교훈도 얻을 수 있을 겁니다."

그 수업에 참여한 학생 한 명은 늘 스스로도 흥미를 못 느끼고 청중의 관심을 끌지도 못했다. 그러나 오늘 밤 그는 인간의 관심을 자극하라는 제안을 받아들여 대학 시절의 두 친구에 대한 이야기를 들려주었다. 그중 한 명은 워낙 꼼꼼하고 신중해서 셔츠를 살 때도 시내의 여러 가게에서 구입한 다음, 어떤 옷이 가장 세탁이 잘 되고 가장 오래 입을 수 있으며 투자한 돈에 비해 가장 큰 만족을 주는지를 보여주는 표를 만들 정도였다. 그는 늘 푼돈에 집착했다. 대학을 졸업한 후 – 공과대학이었다. – 그는 스스로를 굉장히 높게 평가하여 다른 졸업생들처럼 바닥에서 시작하여 차츰 위로 오르려고 하지 않았다. 세 번째 연례 동창회 때도 그는 여전히 셔츠의 세탁 목록이나 만들며 자신에게 어떤 놀라운 행운이 닥치기를 기다리고 있었다. 하지만 그런 행운은 결코 오지 않았다. 그 이후로 25년이 지난 지금도 이 친구는 별 볼 일 없는 위치에서 실망과 불만에 찌든 삶을 살고 있다.

그리고 연사는 이 실패담을 모두의 기대를 뛰어넘은 다른 동창의 이야기와 비교했다. 그 친구는 사람들과 잘 어울리는 붙임성 있는 친구였다. 모두가 그를 좋아했다. 그는 나중에 큰일을 하겠다는 야망을 품고 있었지만, 처음에는 제도공으로 작게 시작했다. 그 와중에도 항상 기회를 노렸다. 그때 뉴욕 세계박람회 개최 계획이 추진되고 있었는데, 그는 그 일에 엔지니어가 필요하리라고 판단하고는 필라델피아의 직장에 사직서를 내고 뉴욕으로 갔다. 그리고 거기서 동업자를 만나 당장 도급업에 뛰어들었다. 그들은 한 전화회사를 위해 많은 일을 해냈으며, 이 친구는 결국 큰돈을 받고 그 회사에 스카우트되었다.

나는 여기에 그 학생이 말한 내용을 간략히 요약했을 뿐이다. 그는 흥미롭고도 인간적 관심을 자극하는 여러 세부 내용들로 이야기를 재미있고 귀에 쏙쏙 들어오게 엮어냈다. 그는 계속 이야기했고—그는 보통 3분 연설을 위한 자료도 찾기 힘들어했다.-말을 끝냈을 때는 이 주제를 놓고 10분이나 발언한 것을 보고 그 자신도 놀랐을 정도였다. 이야기가 얼마나 재미있었던지 그 시간이 청중 모두에게 너무 짧게 느껴졌다. 그것은 그가 처음으로 거둔 진정한 승리였다.

거의 누구나 이 사례를 통해 뭔가 배울 수 있다. 평범한 연설도 인간적 관심을 끄는 이야기들이 풍부하다면 훨씬 호소력 있게 들릴 것이다. 논점은 몇 가지만 제시하고 그것들을 구체적인 사례들로 보강해야 한다. 이런 연설 방법은 좀처럼 청중의 주의를 휘어잡는데 실패하는 법이 없다.

물론 인간적 관심을 자극하는 소재가 가장 풍부한 소스는 당신 자신의 경험이다. 개인적인 이야기는 부적절하다는 생각 때문에 자신의 경험에 대해 말하는 것을 주저하지 말라. 청중이 누군가의 자기 이야기에 거부감을 느낄 때는 그가 공격적이고 자기중심적으로 전달할 때뿐이다. 그렇지만 않으면 청중은 연사가 들려주는 사적인 이야기에 굉장한 흥미를 느낀다. 그것은 사람들의 시선을 붙잡아둘 수 있는 가장 확실한 방법이다.

이름을 사용하여 이야기를 개인화하라

다른 사람이 관련된 이야기를 할 때는 꼭 그들의 이름을 사용하라. 그들의 신원 노출이 저어된다면, 가명을 이용하라. '스미스'나 '조 브라운' 같은 보통명사화된 이름들도 막연히 '이 사람' 혹은 '어떤 사람'이라는 표현보다 훨씬 더 구체성을 띤다. 루돌프 플레슈는 이렇게 말했다.

"이야기에 이름보다 더 현실성을 부여하는 것은 없으며, 익명성만큼 비현실적인 것은 없다. 주인공의 이름이 없는 소설을 상상해 보라."

당신의 이야기가 이름과 인칭대명사로 가득하다면, 확실히 청자의 주목을 받을 것이다. 거기에 인간적 관심이라는 대단히 중요한 요소가 들어가 있기 때문이다.

세부 내용으로 이야기를 구체화하라

이 시점에서 당신은 이런 의문이 들지 모른다. '다 좋은데, 어떻게 내 이야기에 세부 내용을 충분히 집어넣을 수 있지?' 이것을 보장할 수 있는 방법이 하나 있다. 바로 기자가 기사를 쓸 때 따르는 5-W 공식을 이용하는 것이다. 즉 언제(When), 어디서(Where), 누가(Who), 무엇을(What), 왜(Why)의 질문에 답하는 것이다. 이 공식을 따른다면 당신의 사례들은 생기와 독특한 개성을 갖게 될 것이다. <리더스 다이제스트>에 기고한 나 자신의 일화로 예를 들어보겠다.

대학을 졸업한 뒤 나는 2년간 아머앤드사의 영업사원이 되어 사우스다코타 지역을 누볐으며, 대개 화물열차를 타고 내 구역을 순회했다. 어느 날, 나는 남쪽으로 가는 기차를 타기 위해 2시간 동안 사우스다코타의 레드필드에 머물러야 했다. 레드필드는 내 담당구역이 아니었기 때문에 거기서는 영업활동을 할 수 없었다. 나는 1년 안에 뉴욕으로 가 미국 극예술아카데미에서 공부할 계획이었기 때문에 이 기다리는 시간을 이용하여 말하기 연습을 하기로 했다. 그래서 기차역 구내를 배회하며 《맥베스》의 한 장면을 연습하기 시작했다. 나는 두 팔을 앞으로 내뻗으며 극중 인물이 되어 외쳤다. "손잡이가 내 손을 향한, 내 앞에 보이는 이것은 단검이냐? 오너라. 어디 한 번 잡아보자. 손에 잡히진 않아도 눈에는 분명 보이는구나."

계속 그 장면에 몰입해 있는데, 갑자기 경찰관 네 명이 달려와 왜 여자들을 겁주는 거냐고 물었다. 그들이 나를 열차 강도범으로 몰았다 해도 더 놀라지는 않았을 것이다. 한 가정주부가 몇 십 미터 떨어진 지점에 있는 자신의 부엌 커튼 뒤에서 나를 지켜보고 있었던 모양이다. 그녀는 이런 일을 본 적이 없었던 것이다. 그래서 경찰에 신고했는데, 경찰은 내게 다가오면서 '단검' 운운하는 소리를 들었던 것이다. 나는 셰익스피어의 한 장면을 연습하는 중이었다고 자초지종을 설명했지만, 그들은 내가 아머앤드사의 주문 대장을 보여주고 나서야 나를 보내주었다.

이 일화가 위의 5-W 공식에서 제기된 질문에 어떻게 답하는지 주목해 보라.

물론 과다한 세부 묘사는 전혀 없느니만 못 하다. 피상적이고 관련 없는 자잘한 이야기들을 너무 장황하게 늘어놓으면 누구나 하품을 하게 마련이다. 사우스다코타에서 거의 체포될 뻔했던 사건이 어떻게 5-W의 질문 각각에 짧고 간결하게 답하는지 살펴보라. 자잘한 사항을 너무 많이 집어넣어 말이 산만해지면 청중은 온전히 집중하지 않고 당신의 이야기에 가위질을 할 것이다. 집중하지 않는 것보다 더 가혹한 가위질은 없다.

대화를 통해 연설을 극적으로 만들어라

당신이 어떻게 인간관계의 규칙 하나를 이용하여 분

노한 고객을 진정시켰는지를 보여주는 사례를 들고 싶다고 하자. 그때는 이런 식으로 시작해 볼 수 있다.

"일전에 한 남자가 제 사무실을 찾아왔습니다. 잔뜩 뿔이 나 있었지요. 우리가 일주일 전에 배달해 준 가전제품이 제대로 작동하지 않았던 겁니다. 저는 그에게 최선을 다해 상황을 바로잡겠다고 말했습니다. 얼마 뒤에 그는 우리가 성의를 다해 사태를 수습할 의도인 것을 보고 마음을 가라앉히고 만족한 듯 보였습니다."

이 일화는 한 가지 장점을 지니고 있다. 꽤 구체적이라는 것이다. 그러나 이름과 구체적인 세부 내용, 그리고 무엇보다 사건에 생동감을 부여해 주는 실제 대화가 없다. 이런 특징들로 보강된 후의 이야기는 다음과 같이 전개될 것이다.

"지난 화요일에 제 사무실 문이 쾅 열리더니 단골고객인 찰스 블렉삼 씨가 화난 표정으로 식식대며 들어왔습니다. 제가 앉으라고 권할 새도 없이 그는 다짜고짜 소리를 질렀습니다.

'이봐요, 에드. 더는 못 참겠소. 당장 트럭을 보내 우리 집 지하실에 있는 세탁기 실어가요.'

저는 대체 무슨 일인지 물었고, 그는 즉시 쏴붙였습니다.

'작동이 안 돼요. 옷이 전부 엉키고 마누라는 그 때문에 이를 갈고 있소.'

나는 그에게 자리에 앉아 더 자세히 설명해 보라고 했습니다.

'시간이 없어요. 출근이 늦었는데. 애초에 여기서 사는 게 아니었어요. 앞으론 절대 여기 오는 일 없을 거요.'

그리고는 손으로 책상을 내리쳤는데, 그때 그만 제 아내의 사진을 건드리고 말았습니다.

제가 말했습니다. '진정하세요, 찰리. 여기 앉아 전후 사정을 자세히 말씀해 주시면 원하시는 일은 뭐든 하겠다고 약속드리겠습니다.' 이렇게 말하자 그는 자리에 앉았고 우리는 차분하게 대화를 나누었습니다."

연설에 대화를 집어넣는 일이 항상 가능한 것은 아니다. 그러나 위의 예에서 대화를 직접 인용한 것이 그 사건을 극적으로 보여주는데 어떻게 기여하는지를 확인할 수 있을 것이다. 만약 연사가 흉내를 잘 내서 말에 목소리의 원래 어조를 담을 수 있다면, 대화는 더욱 효과적이 될 것이다. 또 대화는 연설이 일상적인 대화처럼 느껴지게 한다. 그것은 당신이 학회에서 논문을 발표하는 학자나 마이크에 대고 악을 써대는 웅변가가 아닌, 식탁에서 대화하는 현실 속의 인간처럼 보이게 한다.

말에 몸짓을 결합하여 시각화하라

 심리학자들에 따르면, 우리가 지닌 지식의 85퍼센트 이상은 시각적인 인상을 통해 얻어진다고 한다. 틀림없이 이것은 오락 매체는 물론 광고 매체로서 텔레비전이 지닌 엄청난 힘을 잘 설명해 준다. 대중연설 역시 청각적인 것 못지않게 시각적인 예술이다.

 세부 내용으로 연설을 풍요롭게 만드는 가장 좋은 방법 중 하나는 그 속에 시각 효과를 통합시키는 것이다. 당신은 내게 몇 시간이고 골프 스윙하는 법을 설명할 수는 있겠지만, 나는 곧 지루해지기 쉽다. 하지만 당신이 페어웨이로 공을 쳐낼 때 어떻게 하는지를 직접 몸으로 보여준다면, 나는 온 눈과 귀를 열어놓고 집중할 것이다. 마찬가지로 당신이 팔과 어깨를 이용해서 비행기가 불안정하게 흔들리는 모습을 묘사한다면, 나는 저승 문턱까지 갔던 당신의 이야기에 더욱 흥미를 느낄 것이다.

 시각적 세부 묘사의 걸작이라 할 만한, 산업근로자들을 대상으로 진행했던 한 연설이 기억난다. 그때 연사는 감독관과 효율성 전문가들을 가볍게 조롱했다. 그는 그들이 고장 난 기계를 검사할 때 보여주는 손짓과 우스꽝스러운 몸짓을 흉내 냈는데, 그 모습이 내가 텔레비전에서 본 어떤 개그보다도 더 유쾌하고 재미있었다. 더욱이, 시각적인 세부 묘사는 그 연설을 더욱 잊을 수 없는 장면으로 기억되게 했다. 틀림없이 그 자리에 있던 다른 사람들도 여전히 그 연설을 입에 올리며 추억할 것이다.

스스로에게 '어떻게 내 연설의 시각 효과를 높일 수 있을까?'를 자문해 보라. 그리고 고대 중국인들의 가르침대로 '그림 하나가 천 마디 말에 값한다.'는 사실을 증명해 보여라.

4. 구체적이고 친근한 언어로 그림을 그려내라

 모든 연사의 일차 목표인 청중의 주의를 잡아끄는데 유용한, 그러나 거의 무시되는 최고로 중요한 기술이 하나 있다. 평범한 연사는 그것의 존재도 모르고 있는 것 같다. 그는 아마 그것을 의식적으로 생각해 본 적도 없을 것이다. 나는 지금 말을 이용하여 그림을 그려내는 과정을 언급하고 있다. 알아듣기 쉽게 말을 하는 연사는 우리의 눈앞에 이미지들이 떠다니게 한다. 반면 막연하고 진부하고 재미없는 상징을 이용하는 연사는 청중의 눈꺼풀을 무겁게 만든다.

 그림을 그려라. 그것은 우리가 숨 쉬는 공기처럼 무한정 공짜로 쓸 수 있다. 당신의 연설과 대화에 그림을 점점이 흩뿌리면 더 유쾌하고 유능한 연사가 될 것이다.

 허버트 스펜서는 오래 전에 유명한 에세이《문체의 철학 *Philosophy of Style*》에서 마음속에 선명한 그림이 그려지게 하는 언어의 탁월성을 지적한 바 있다.

 "인간은 일반적이 아니라 구체적으로 생각한다. ……그래서 우리는 다음과 같은 문장을 피해야 한다. '한 국가의 관습, 풍습, 오락이 잔인하고 야만적인 것에 비례하여 그들의 형법도 그만큼 더 엄해진다.'

이런 표현 대신 다음과 같이 써야 한다. '국민들이 전투, 투우, 검투사들의 싸움을 즐기게 될수록 처벌 방식도 교수형, 화형, 고문 등으로 그만큼 더 잔인해진다.'"

그림을 떠올리게 하는 표현들은 《성경》과 셰익스피어의 작품에 마치 사과 주스 공장 주변을 윙윙대는 벌떼처럼 많이 등장한다. 예컨대, 평범한 작가는 이미 완벽한 것을 더 좋게 만들려는 시도를 '불필요한 일'이라는 말로 표현했을 것이다. 그럼 셰익스피어는 이 생각을 어떻게 표현했을까? 아래에 불멸의 회화 언어가 부리는 마술을 감상해 보라. "순금에 금박을 입히고 백합에 물감을 칠하며 제비꽃에 향수를 뿌리는 짓거리."

대대로 전해 내려오는 속담들이 거의 모두 시각적인 표현이라는 사실에 주목한 적 있는가? 예컨대 '손 안에 든 새 한 마리는 숲속의 새 두 마리의 가치가 있다.' '비가 억수로 퍼붓는다.' '말을 물가에 끌고 갈 수는 있지만, 억지로 마시게 할 수는 없다.' 등이 그런 것들이다. 수백 년 동안 닳고 닳아 이제는 진부하고 식상한 느낌을 주는 거의 모든 비유적 표현에서도 이런 회화적 요소를 발견할 수 있다. 가령, '여우처럼 교활한' '문의 못처럼 꼼짝 않는' '팬케이크처럼 납작한' '바위처럼 단단한' 등이 그런 예들이다.

링컨은 늘 시각적인 표현을 활용했다. 백악관에 있을 때 그의 책상 위에 올라오는 길고 복잡하고 형식적인 보고서에 짜증이 나면, 그는 불만의 표시로 무채색의 생기 없는 표현이 아닌 거의 잊을 수 없는 회화적 표현으로 응수했다.

"나는 말을 사러 사람을 보낼 때, 말의 꼬리털이 몇 개인지 따위는 관심 없다. 그저 녀석의 사지가 멀쩡한지만 알고 싶을 뿐이다."

명확하고 구체적인 것에 눈길을 주어라. 지는 해를 배경으로 까맣게 도드라진 수사슴의 뿔처럼 윤곽이 뚜렷하고 선명한 마음의 그림을 그려라. 가령 '개'라는 말은 이 동물의 거의 분명한 그림이 떠오르게는 하지만, 그 개의 모습은 코커스패니얼이나 스코틀랜드테리어일 수도 있고, 아니면 세인트버나드나 포메라니안일 수도 있다. 하지만 연사가 '불도그'라고 말할 경우 당신의 마음에 떠오르는 이미지가 얼마나 더 선명해질지를 생각해 보라. 이 용어는 '개'보다 덜 포괄적이다. 이것을 더 구체적으로 '얼룩무늬 불도그'라고 하면 그림이 더 명확해지지 않겠는가? 그냥 '말'이라고 하기보다 '검정색 셰틀랜드 조랑말'이라고 하면 더 생생하지 않겠는가? 또 단순히 '닭'이라는 말보다 '다리가 부러진 흰색

밴텀 수탉'이란 표현이 훨씬 더 선명하고 또렷한 그림을 그려주지 않는가?

윌리엄 스트렁크 2세는 자신의 책《영어 글쓰기의 기본 *The Elements of Style*》에서 이렇게 말했다.

"작문 기술을 연구한 사람들이 이구동성으로 하는 말은, 특수하고 명확하고 구체적으로 표현하는 것이 독자의 주의를 끌 수 있는 가장 확실한 방법이라는 것이다. 호머, 단테, 셰익스피어 같은 가장 위대한 작가들의 글이 큰 울림을 주는 것은 주로 구체적이고 상세하고 생생한 묘사 때문이다. 그들의 말은 독자가 머릿속에서 그림을 그리게 한다."

이것은 글쓰기는 물론 말하기에서도 마찬가지이다.

나는 오래 전 내 스피치 강좌의 한 수업에서 사실적인 표현을 사용하는 실험을 진행한 적이 있다. 우리는 규칙을 정해 모든 문장에 연사가 하나의 사실이나 고유명사, 숫자, 또는 날짜를 집어넣게 했다. 그 결과는 혁명적이었다. 학생들은 서로의 말에서 구체적이지 않고 막연한 표현을 잡아내는 게임을 했다. 그로부터 얼마 지나지 않아 그들은 청중의 머리 위로 떠다니는 구름 같은 흐릿한 언어가 아니라, 길거리에서 들을 수 있는 명쾌하고 생기 넘치는 언어를 쓰기 시작했다.

프랑스 철학자 알랭은 이렇게 말했다. "추상적인 문체는 언제나 나쁘다. 우리의 문장은 돌, 금속, 의자, 테이블, 동물, 그리고 남자와 여자로 가득해야 한다."

이것은 일상적인 대화에서도 마찬가지이다. 사실 여러 사람 앞에서 말할 때 세부적으로 표현하라고 지적한 이 단락의 모든 가르침은 일반적인 대화에도 적용된다. 대화를 빛나게 하는 것은 디테일이다. 대화를 더 효과적으로 하고 싶은 사람은 누구든 이 단락에 소개된 지침을 따를 경우 큰 도움을 받을 수 있을 것이다. 영업사원들 역시 제품 소개를 할 때 세부 묘사의 마법을 실감할 수 있다. 그리고 고위직 임원, 가정주부, 교사들도 강의를 하거나 정보를 전달할 때 구체적이고 사실적인 표현을 동원할 경우 그 효과가 크게 향상된다는 사실을 확인하게 될 것이다.

2 이야기에 생기를 불어넣어라

　제1차 세계대전이 끝난 직후 나는 런던에서 미국의 작가이자 방송인인 로웰 토머스와 일한 적이 있다. 당시 로웰은 영국의 군인 알렌비와 아라비아의 로렌스를 소재로 한 일련의 명강의로 대단한 인기를 누리고 있었다. 어느 일요일에 나는 길을 걷다가 하이드파크로 접어들어 입구의 대리석 문인 마블 아치(Marble Arch) 근처에 이르렀다. 그곳은 다양한 정치적 종교적 신념을 지닌 다양한 인종의 연사들이 법의 간섭을 받지 않고 자신의 견해를 표현할 수 있는 장소였다. 나는 얼마간 교황의 무오류성에 대한 한 가톨릭 신자의 연설을 듣다가 다른 군중들이 모여 있는 곳으로 옮겼다. 거기서는 한 사회주의자가 칼 마르크스에 대해 열변을 토하고 있었다. 나는 계속 어슬렁거리다가 세 번째 연사의 말을 듣게 되었는데, 그는 한 남자가 네 부인을 두는 것이 왜 정당하고 적절한지를 설명하고 있었다. 그 뒤에 나는 자리를 옮겨 세 그룹을 비교해 보았다.

믿을 수 있겠는가? 일부다처제를 옹호하던 남자는 청중 수가 가장 적어 겨우 몇 명에 불과했다. 반면 다른 두 연사들의 청중은 시간이 갈수록 수가 점점 불어나고 있었다. 나는 그 이유를 생각해 보았다. 주제의 차이 때문일까? 그건 아닐 듯싶었다. 내가 보기에 그 원인은 연사들 자신에게 있는 듯했다. 부인을 넷이나 거느릴 때의 이점을 이야기하던 남자는 정작 자신이 네 명의 아내를 두는 것에 대해서는 관심이 없는 듯 보였다. 하지만 서로 전혀 다른 관점을 지니고 있던 다른 두 연사들은 각자 청중의 시선을 잡아끌고 있었다. 그들의 말은 생기와 활력이 넘쳤다. 그들은 열정적으로 팔을 휘둘러 댔고, 목소리는 확신에 차 있었다.

나는 항상 활력, 생동감, 열정을 연사가 필수적으로 갖춰야 할 가장 중요한 덕목이라고 생각해 왔다. 야생 칠면조가 가을 밀밭에 몰려들듯이 사람들은 열정적인 연사 주위로 몰려든다.

어떻게 하면 이런 생기 넘치는 연설을 통해 청중의 주의를 휘어잡을 수 있을까? 지금부터 연설에 열정과 흥분을 불어넣을 수 있는 세 가지 주요 방법을 살펴볼 것이다.

1 자신이 진지하게 생각하는 주제를 선택하라

앞서 언급한 〈빠르고 쉽게 익히는 효과적인 연설법〉에서는 자신이 택한 주제의 가치를 깊이 확신하는 일의 중요성을 강조했다. 자신이 고른 주제에 감정적으로 공감하지 않으면, 청중이 그 메시지의 가치를 믿어줄 것이라고 기대할 수 없다. 가령 취미나 레크리에이션 활동 같은 특정 주제와 관련된 오랜 경험 때문에, 또는 그것에 대한 깊은 생각과 관심 때문에(이를테면, 우리 지역사회의 학교를 개선해야 할 필요성) 자신이 흥분을 느끼는 주제를 선택할 경우, 당신은 분명 별 어려움 없이 흥분하며 말할 수 있을 것이다. 진지함이 지닌 설득력이 얼마나 강력한지는 20년도 더 전에 뉴욕에서 열린 내 강의 중에 있었던 한 연설에서 가장 생생하게 입증되었다. 나는 설득 목적의 연설을 많이 들어보았지만, 내가 '푸른 풀 대 히코리나무 재 사건'이라 부르는 이 연설은 진지함이 상식을 이겨낸 전형적인 사례라 할 만하다.

뉴욕의 유명한 판매회사에서 가장 잘나가는 한 세일즈맨이 자신이 씨앗이나 뿌리 없이 푸른 풀이 자라게 했다는, 상식적으로 말도 안 되는 주장을 폈다. 그는 새로 쟁기질한 땅에 히코리나무 재를 뿌렸다고 한다. 그런데 놀랍게도 푸른 풀이 돋아났다는 것이다. 그는 풀이 돋아난 것은 전적으로 히코리나무의 재 때문이라고 확신했다.

그의 발언을 평하면서 나는 만약 그 놀라운 발견이 정말 사실이라면 그는 엄청난 부자가 될 거라며 웃으며 말해 주었다. 왜냐하면 그 풀의 씨앗 가격이 1부셸에 몇 달러나 될 테니 말이다. 또 나는 그 사건으로 그는 역사상 가장 유명한 학자가 될 것이라고도 말해 주었다. 그리고 이제껏 살아 있거나 죽은 어떤 인간도 그런 기적을 연출해 낸 적이 없다는 말도 덧붙였다. 생명이 없는 것에서 생명을 만들어낸 인간이 그 말고 또 누가 있었던가?

나는 그의 주장이 논박이 필요 없을 정도로 정말 황당하고 터무니없다고 느꼈기 때문에 이 모든 이야기를 아주 조용히 전달했다. 내가 말을 마쳤을 때 그 강좌를 듣던 다른 학생들도 그의 주장이 허무맹랑하다고 여겼지만, 그 자신만은 조금도 생각을 굽히지 않았다. 그는 정말 자신이 지금 숨을 쉬고 있는 것만큼이나 제 주장이 틀림없는 사실이라고 확신했다. 그래서 벌떡 일어나 자신이 틀리지 않았다고 항변했다. 그는 어떤 이론을 강의하는 것이 아니라 자신이 직접 경험한 일을 전하는

제2장 연설 · 연사 · 청중

것이라고 주장했다. 그는 자신이 무슨 말을 하는지 알고 있었다. 그래서 계속 최초의 발언에 살을 붙여 정보와 증거를 추가로 제시했으며, 목소리에도 우직한 진실과 정직의 울림이 느껴졌다.

나는 다시 그의 주장이 옳고 사실일 가능성은 조금도 없다고 지적했다. 이에 그는 다시 발끈하여 5달러 내기를 제안하며 미국 농무성에 이 문제에 대한 판단을 맡겨보자고 했다. 그리고 무슨 일이 일어났을 것 같은가? 그는 수강생 몇 명을 자기편으로 끌어들였다. 그의 말이 사실일지도 모른다고 의심하기 시작한 사람들도 많았다. 아마 투표를 했다면 틀림없이 수강생 중 절반 이상이 그의 편을 들지 않았을 것이다. 나는 그들에게 왜 원래 입장을 철회했는지를 물었고, 그들은 그 사람의 진지함, 자기 생각에 대한 그의 철썩 같은 믿음 때문에 상식적인 관점을 의심해 보게 되었다고 말했다.

수강생들이 그 사람에 대해 이렇게 믿음을 보이자 나는 농무성에 편지를 쓸 수밖에 없었다. 나는 농무성에 이런 어리석은 질문을 하게 되어 부끄럽다는 말도 적었다. 물론 농무성은 히코리나무 재에서 푸른 풀이나 여타 생명체가 자라는 것은 불가능하다고 답변했고, 뉴욕에서도 똑같은 질문이 담긴 편지가 왔다고 덧붙였다. 그 세일즈맨도 자기주장에 대한 확신이 매우 강했기에 역시 편지를 썼다.

이 사건은 내게 결코 잊지 못할 교훈을 가르쳐주었다. 만약 연사가 어떤 것을 아주 진지하게 믿고 충분히 진지하게 말한다면, 비록 그가 흙과 재만 가지고 풀을 자라게 할 수 있다고 우겨도 그 주장을 신봉하는 사람들이 생긴다는 것이다. 그러니 우리의 확신이 상식과 진실의 편에 서 있을 경우 얼마나 더 강력하고 설득력이 있겠는가!

연사들은 거의 누구나 자신이 선택한 주제가 과연 청중의 관심을 끌 수 있을지 미심쩍어 한다. 확실하게 그들의 주목을 받을 수 있는 방법은 하나밖에 없다. 바로 당신의 주제에 대한 열정의 불길에 기름을 붓고 부채질을 하는 것이다. 그러면 별 문제 없이 청중의 시선을 한 몸에 받을 것이다.

얼마 전에 나는 볼티모어에서 우리 강좌의 한 수강생이 청중에게 만약 체서피크 만에서 현재와 같은 방법으로 계속 볼락을 잡으면 그 어종은 곧 멸종될 거라고 경고하는 말을 들었다. 그것도 몇 년 안에 멸종된다는 거였다. 그는 자신의 주제가 정말 절실한 문제라고 느꼈다. 그것은 중요한 문제였다. 그는 그것에 대해 정말 진지했다. 그가 말하는 내용이나 태도 등의 모든 것이 그것을 여실히 보여주었다. 그가 연단에 섰을 때만 해도 나는 체서피크 만에 볼락 같은 물고기가 있는지조차 알지 못했다. 아마 나처럼 그에 대한 지식도 관심도 없기는 상당수의 청중도 마찬가지였을 것이다. 하지만 그가 말을 마치기도 전에 우리 모두는 법으로 볼락을 보호해 줄 것을 의회에 요청하는 탄원서에 기꺼이 서명했다.

이탈리아 주재 전 미국대사인 리처드 워시번 차일드는 글을 재미있게 쓰는 작가로 성공한 비결이 무엇이냐는 질문을 받은 적이 있다. 그때 그는 이렇게 답했다.

"전 인생에 대해 너무 흥분을 느껴 그냥 가만히 있을 수가 없어요. 그냥 그것에 대해 말하지 않고는 못 배길 정도지요."

어찌 이런 연사나 저자에게 매혹되지 않을 수 있겠는가? 전에 런던에서 한 연사의 강연을 들으러 간 적이 있다. 그가 연설을 마친 후 우리 일행 중 한 명이었던 유명한 영국 소설가 E. F. 벤슨 씨는 자기는 연설의 처음보다 마지막 부분이 훨씬 좋았다고 말했다. 내가 그 이유를 묻자 그는 이렇게 대답했다.

"연사 자신이 마지막 부분에 더 흥분한 듯 보였거든요. 저 자신의 열정과 흥미는 항상 연사의 그것에 따라

오르락내리락합니다."

여기 주제를 잘 선택하는 일의 중요성을 보여주는 또 다른 사례가 있다.

우리가 플린 씨라고 부를 한 신사가 워싱턴 D. C.에 개설된 우리 강좌에 등록했다. 강의 초기의 어느 날 저녁, 그는 미국의 수도를 주제로 연설했다. 그는 필요한 사실들과 정보를 급하게, 그리고 대충 지역신문사가 발간한 안내 책자에서 그러모았다. 연설은 단조롭고 일관성 없고 충분히 소화되지 않은 것처럼 들렸다. 그는 워싱턴에서 꽤 오래 살았지만, 그가 그 도시를 좋아하는 이유라며 내세운 것들 중 자신의 직접 체험에 근거한 것은 하나도 없었다. 그저 일련의 진부한 사실들을 앵무새처럼 암송했을 뿐이다. 이런 연설은 하는 사람도 괴롭지만, 듣는 사람에게도 그에 못지않게 고역스러운 경험이었다.

그로부터 2주일 뒤, 그의 속을 완전히 뒤집어놓은 일이 일어났다. 누군가가 길에 주차되어 있던 그의 새 차를 들이받고 그냥 뺑소니를 쳐버린 것이다. 플린 씨는 보험금을 탈 수도 없었기 때문에 직접 자기 돈을 들여 차를 고쳐야 했다. 이거야말로 그의 생생한 경험에서 우러난 이야기 소재였다. 한 문장 한 문장 힘들게 내뱉은 워싱턴 D. C.에 대한 그의 연설은 그 자신이나 청중 모두에게 고통이었다. 그러나 사고를 당한 자기 차에 대해 이야기할 때는 마치 활동 중인 베수비오 화산처럼 속에서 뭔가가 복받치고 부글부글 끓어올랐다. 2주 전에는 자리에서 가만히 있지를 못하고 몸을 비비 꼬며 하품을 해댔던 사람들이 이번에는 플린 씨에게 따뜻한 박수를 보냈다.

누차 지적했듯이 자신에게 맞는 주제를 선택하면 성공할 수밖에 없다. 성공을 보증할 수 있는 주제가 하나 있다. 바로 자신의 강한 신념에 대해 말하는 것이다. 분명 당신에게는 자신의 삶에서 강한 신념을 느끼는 부분이 있을 것이다. 이런 주제들을 폭넓게 탐색할 필요는 없다. 그것들은 우리가 자주 생각하는 대상이기 때문에 대개 의식의 표면에 존재한다.

얼마 전 텔레비전에서 사형제도에 대한 입법 청문회가 방영된 적이 있다. 여러 참석자들이 이 논란이 많은 주제의 양 측면에 대해 각자의 의견을 개진했다. 그들 중 하나는 로스앤젤레스 경찰국에 근무하는 경찰관이었는데, 이 주제에 대해 생각을 많이 한 것이 분명해 보였다. 그는 자신의 동료 11명이 범죄자들과의 총격전 중 사망한 사실을 근거로 강한 신념을 갖고 있었다. 그래서 자신이 지닌 대의의 정당성을 골수 깊이 확신하는 사람답게 깊은 진심을 가지고 말했다. 웅변 역사에 길이 빛나는 가장 위대한 연설은 모두 누군가의 가장 깊은 신념과 감정에서 우러난 것이다. 진실함은 신념 위에 둥지를 틀며, 신념은 무슨 말을 할 것인지에 대한 냉철한 사고와 머리의 문제인 것만큼이나 자신의 말에 대해 느끼는 감정과 가슴의 문제이기도 하다.

"감정에는 이성이 잘 모르는 이유들이 있다." 많은 강좌를 통해 나는 파스칼의 이 날카로운 통찰이 지닌 진실성이 증명되는 경우를 자주 목격했다. 보스턴의 한 변호사는 외모가 인상적이고 말솜씨도 아주 능수능란했다. 그러나 그가 말을 마쳤을 때, 사람들은 그저 '똑똑한 친구로군.' 정도로만 반응했다. 그가 사람들에게 그런 피상적인 인상만을 남긴 것은 그 현란한 말잔치 이면에 어떤 감정도 전혀 개입되지 않은 듯 보였기 때문이다. 반면 같은 반의 한 보험판매원은 체구도 작고 외모도 별 볼 일 없었으며 말을 하면서 이따금씩 더듬거렸음에도, 그의 말을 들은 사람들은 누구나 그의 한 마디 한 마디에 진심이 담겨 있음을 확신할 수 있었다.

에이브러햄 링컨이 워싱턴 D. C.의 포드 극장에서 암살된 지 거의 100년이 지났지만, 그의 삶과 말에 배어 있는 깊은 진정성은 여전히 우리의 가슴속에 살아 있다. 법률 지식에 관한 한, 그 시대에 링컨보다 뛰어난 사람들은 부지기수였다. 그는 품위도 없었고 달변가도 아니었으며 세련되지도 못했다. 그러나 게티즈버그, 쿠퍼 유니온, 그리고 워싱턴의 국회의사당 계단에서 그가 보여준 정직과 진정성은 우리 역사상 그 누구도 따를 자가 없었다.

전에 누가 그랬던 것처럼 당신은 강한 신념도 없고 특별한 관심거리도 없다고 말할지 모른다. 나는 이런 말을 들을 때마다 항상 놀란다. 그래도 나는 그 사람에게 뭔가에 적극 관심을 가져보라고 말했다.

"무엇에요?" 그가 물었다.

"비둘기요." 나는 자포자기하는 심정으로 대답했다.

"비둘기라고요?" 그가 뜨악한 표정으로 반문했다.

"그래요. 비둘기요. 광장에 가서 녀석들을 보고 먹이도 주고 도서관에 가서 관련 서적도 읽어본 후 다시 돌아와 그들에 대해 얘기해 보세요."

그는 실제로 그렇게 했다. 그리고 그가 돌아와 말을 시작했을 때는 도대체 제지시킬 수가 없을 정도였다. 그의 말에는 비둘기 애호가의 모든 열정이 담겨 있었다. 내가 그를 제지시키려고 하자 그는 비둘기에 관한 책

40권에 대해 이야기했다. 그 모두를 다 읽었던 것이다. 그가 전한 말은 내가 들은 가장 재미있는 이야기로 꼽을 만했다.

제안할 것이 하나 더 있다. 지금 꽤 훌륭한 주제라고 생각하는 것이 있으면 그것에 대해 더욱 많이 공부하고 배워라. 어떤 것에 대해 아는 것이 많아질수록 그에 대해 더 진지해지고 굉장한 열정을 느끼게 될 것이다. 《판매의 5대 규칙 *Five Great Rules of Selling*》을 저술한 퍼시 H. 휘팅은 영업사원들에게 자신이 판매하는 제품에 대해 배우는 일을 결코 멈추지 말라고 충고한다. 그가 말하듯이 "좋은 제품에 대해 아는 것이 많아질수록 그에 대해 더 열정적이 된다." 당신의 연설 주제도 마찬가지이다. 그것에 대해 많이 알면 알수록 그만큼 더 진지해지고 열정적이 된다.

2 주제에 대해 느끼는 감정을 재경험하라

규정 속도를 1마일 초과했다며 당신을 멈춰 세운 경찰관에 대해 이야기한다고 치자. 그 이야기를 구경꾼의 무덤덤하고 심드렁한 태도로 이야기할 수도 있지만, 그것은 당신에게 일어난 일이다. 그래서 당신은 아주 분명한 언어로 표현할 만한 어떤 감정을 느끼고 있다. 이런 경험을 마치 제3자의 이야기인 것처럼 전달하면 청중에게 별 감흥을 주지 못할 것이다. 그들은 경찰관이 딱지를 끊었을 때 당신의 기분이 정확히 어땠는지를 알고 싶어 한다. 그래서 당신이 설명하고 있는 장면을 생생하게 재경험하거나 처음에 느꼈던 감정을 그대로 재생할수록 더욱 실감나게 자신을 표현할 수 있다.

우리가 연극이나 영화를 보러 가는 이유 중 하나는 표현되는 감정을 보거나 듣고 싶기 때문이다. 우리는 자기감정을 드러내놓고 표출하는 일에 상당한 두려움을 느끼기 때문에 연극 구경이라도 해서 이 감정표현 욕구를 충족시켜야 한다.

그래서 많은 사람 앞에서 말을 할 때는 당신이 그 이야기 속에 불어넣는 흥분의 양에 따라 그 이야기가 청중에게 유발하는 흥분과 관심의 정도가 달라진다. 자신의 솔직한 감정을 억압하지 말고, 진정한 열정에 재갈을 물리지 말라. 청중에게 당신이 특정 주제에 대해 뭔가 말하고 싶어 입이 근질근질해진 모습을 보여주어라. 그러면 그들의 시선은 자연히 당신의 입에 꽂히게 되어 있다.

3 진지하게 행동하라

청중 앞에 나설 때는 단두대에 오르는 죄인이 아니라 한껏 기대에 부푼 모습을 연출하라. 경쾌한 걸음걸이는 대체로 꾸며낼 수 있다. 그것은 당신에게 기적 같은 효과를 일으키고, 청중에게는 당신이 뭔가 말하고 싶어 안달하고 있다는 느낌을 전달한다. 입을 열기 직전에 깊이 심호흡하라. 테이블이나 연단에서 조금 떨어지고 머리와 턱을 꼿꼿이 세워라. 당신은 사람들에게 뭔가 대단히 중요한 것을 말할 참이고, 몸 전체로 그 사실을 분명히 드러내 보여야 한다. 당신은 지휘관이다. 따라서 윌리엄 제임스의 말대로 마치 지휘관인 것처럼 행동하라. 강당 뒤쪽까지 들리도록 큰 소리로 말하면, 그 소리가 당신을 안심시킬 것이다. 또 제스처를 쓰기 시작하면, 그것도 당신에게 좋은 자극이 될 수 있다.

도널드 레이어드와 일리노어 레이어드가 말하는 '반응도를 높이기 위한 예열 작업'이라는 이 원칙은 정신적인 각성을 요하는 모든 상황에 적용될 수 있다. 《효율적인 기억의 테크닉 *Techniques for Efficient Remembering*》이라는 책에서 그들은 시어도어 루스벨트 대통령을 이렇게 묘사했다.

"루스벨트는 그의 트레이드마크가 된 활기, 활력, 열정으로 평생을 유쾌하게 살았다. 그는 자기 앞에 닥친 모든 문제에 굉장한 관심을 보였고, 그렇지 않더라도 관심이 있는 척하는데 능했다."

그는 윌리엄 제임스의 철학을 실천한 살아 있는 모범이었다.

"진지한 척 행동하라. 그러면 행하는 모든 일에서 자연스럽게 진지해지게 될 것이다."

거듭 강조하거니와, 진지하게 행동하면 마음도 정말 진지해진다는 사실을 명심하라.

③ 이야기에 청중을 끌어들여라

러셀 콘웰의 유명한 강연 '다이아몬드의 땅 *Acres of Diamonds*'은 거의 6,000회 가까이 행해졌다. 그렇게 자주 반복되는 강연은 연사의 머리에 하나의 패턴으로 굳어져, 전달할 때 말이나 억양이 달라질 게 없을 거라고 생각하기 쉽다. 하지만 그렇지 않았다. 콘웰 박사는 강연하는 자리마다 청중도 제각각이라는 사실을 알고 있었다. 그는 각각의 청중에게 자신의 이야기가 그들만을 위한 새롭고도 특별한 연설이라는 느낌을 갖게 해야 한다고 생각했다. 어떻게 그는 연설을 할 때마다 연사, 연설, 청중 사이의 이 상호관계를 생명력 있게 유지할 수 있었을까? 그의 글을 따라가 보자.

"나는 도시나 마을을 방문할 때면 그곳에 미리 도착해서 우체국장, 이발사, 호텔 지배인, 학교 교장선생님, 목사님 등을 만난다. 또 가게에 들러 사람들과 대화하며 그들이 어떻게 살아왔고 어떤 기회가 있었는지를 알아본다. 강연은 그 이후에 하며 그들의 처지와 지역에 적합한 주제에 대해 이야기한다."

콘웰 박사는 성공적인 소통은 연사가 자신의 이야기를 청중의 일부로 만들고, 또 청중을 이야기의 일부로 만드는데 얼마나 능숙한가에 달려 있다는 사실을 철저히 인식하고 있었다. 가장 인기 있는 강연으로 꼽히는 '다이아몬드의 땅'의 정본이 없는 것도 바로 이런 이유 때문이다. 인간성에 대한 예리한 통찰과 근면 성실한 노력을 통해 콘웰 박사는 같은 주제를 놓고 각기 다른 청중을 상대로 거의 6,000회나 강연을 했지만 단 한 번도 똑같은 강연을 한 적이 없었다. 이를 본받아 당신도 항상 특정한 청중을 염두에 두고 연설을 준비해야 한다. 다음에 청중과의 강한 친밀감을 형성하는데 도움이 될 몇 가지 간단한 규칙을 소개한다.

1 청중의 관심사를 이야기하라

콘웰 박사가 한 일이 바로 이것이었다. 그는 자신의 강연에 해당 지역의 이야기나 사례를 많이 집어넣는 것을 원칙으로 했다. 청중들이 그의 연설에 흥미를 느꼈던 것은 그 내용이 그들과 그들의 관심사, 그리고 그들의 문제와 관련된 것이었기 때문이다. 청중들이 가장 관심을 기울이는 것, 즉 그들 자신과 관계된 이야기는 자연히 그들의 주목을 받을 수밖에 없으며 소통의 통로가 늘 열려 있게 한다. 전 미국 상공회의소 소장이자 현재 영화협회 회장인 에릭 존스턴은 그가 행하는 거의 모든 강연에서 이 방법을 사용한다. 아래의 오클라호마 대학 졸업식 연설에서 그가 얼마나 주도면밀하게 지역의 관심사를 이용했는지 보라.

오클라호마 주민 여러분은 소름 끼치는 행상꾼들이 꽤 친숙할 겁니다. 그들이 오클라호마를 영원히 희망을 기대할 수 없는 위험 지역으로 무시해 버렸던 것이 그리 오래 전 일이 아닙니다.

1930년대만 해도 오클라호마에서 절망을 맛본 까마귀들은 다른 까마귀들에게 따로 먹이를 챙길 수 있는 비

책이 없다면 오클라호마 쪽은 쳐다보지도 말라고 충고를 했지요. 그들은 오클라호마가 앞으로도 영원히 미국의 새로운 사막지대로 남아 있으리라고 생각했습니다. 그곳에서는 어떤 것도 꽃을 피우지 못할 거라고 말했지요. 하지만 1940년대에 오클라호마는 녹색의 땅이 되었고 브로드웨이의 자랑거리가 되었습니다. 이곳에는 '비 온 뒤 불어치는 바람결에 달콤한 향기를 흩뿌리는, 파도처럼 굽이치는 밀밭'이 있었기 때문입니다.

10년이라는 짧은 시간에 불모의 건조지대는 코끼리의 눈높이만큼 자란 옥수숫대로 뒤덮였습니다. 그것은 믿음과 계산된 위험에 대한 보상이었습니다. ……

하지만 우리는 언제나 어제에 비추어 우리 자신의 시대를 더 균형 있는 관점에서 볼 수 있습니다.

그래서 저는 이곳에 오기 전에 1901년 봄에 나온 <데일리 오클라호마> 신문철을 살펴보았습니다. 50년 전, 이 땅에서의 삶의 풍미가 어떠했는지 맛보고 싶었기 때문입니다.

제가 무엇을 발견했을까요?

저는 온통 오클라호마의 미래가 크게 강조되고 있는 것을 확인할 수 있었습니다. 바로 희망에 큰 방점이 찍혀 있었습니다.

이것은 청중의 관심사를 파고든 연설의 탁월한 사례다. 그는 청중들에게 그의 연설이 등사판으로 인쇄된 복사물이 아니라 그들만을 위해 새롭게 창조된 것이라고 느끼게 만들었다. 어떤 청중도 그들의 관심사를 이야기하는 연사로부터는 눈을 뗄 수 없는 법이다.

당신의 주제에 대한 지식이 청중의 문제를 해결하고 그들의 목표를 달성하는데 어떻게 도움을 줄 수 있을지를 자문하라. 그리고 그 질문에 대한 답을 제시하라. 그러면 그들의 온전한 주목을 받을 수 있을 것이다. 당신이 회계사라면 연설을 이렇게 시작해 보라. '이제부터 여러분에게 세금을 50달러에서 100달러 절약할 수 있는 법을 알려드리겠습니다.' 만약 당신이 변호사이고 유언장 작성하는 법을 말해 준다면, 청중은 분명 눈을 반짝이며 귓바퀴를 바짝 세울 것이다. 당신의 지식 속에는 틀림없이 청중에게 실질적인 도움이 될 만한 주제가 있을 것이다.

영국 언론계의 신문왕으로 통하는 노스클리프 경은 사람들의 관심을 끄는 주제가 무엇이냐는 질문을 받았을 때, '그들 자신'이라고 대답했다. 그는 이 하나의 진리를 토대로 신문 제국을 건설했다.

《마음의 형성》에서 제임스 하비 로빈슨은 공상을 '자

발적이고 즐거움을 주는 종류의 생각'이라고 묘사한다. 계속해서 그는 공상에 빠진 사람들은 자신의 생각이 저 알아서 가고 싶은 대로 가게 하며, 이 생각의 방향은 우리의 희망과 두려움, 자연스러운 욕망, 성취감과 좌절, 좋아하고 싫어하는 것, 사랑, 증오, 분노에 의해 결정된다고 말한다. 우리에게 우리 자신만큼 흥미로운 주제는 없다.

필라델피아 출신의 해롤드 드와이트는 우리 강좌의 마지막 수업을 기념하는 연회에서 대단히 뛰어난 연설을 했다. 그는 차례대로 테이블에 둘러앉은 각 수강생들에 대해 한 마디씩 하는 것 외에 강좌 초기에 자신의 연설 실력이 어떠했으며 어떻게 실력이 향상되었는지를 이야기했다. 또 여러 동료 수강생들의 연설과 그들이 다룬 주제를 회고하며 그중 일부를 흉내 내고 그들의 특징을 과장하여 보여줌으로써 모두가 웃고 즐거운 시간을 갖게 했다. 소재가 이럴진대, 그의 연설은 실패할 수가 없었을 것이다. 정말 이상적인 소재였다. 그 어떤 다른 주제도 그 자리에 모인 이들에게 그만한 관심을 자극하지는 못했을 것이다. 드와이트 씨는 인간성을 어떻게 다루어야 할지 알고 있었다.

몇 년 전, 나는 <아메리칸 매거진>에 일련의 기사를

기고했고, 그 과정에서 '재미있는 사람들'이란 코너를 맡고 있던 존 시덜과 대화할 기회가 있었다. 여기 그의 말을 옮겨본다.

"사람들은 이기적입니다. 그들은 주로 자기 자신에게 관심이 있지요. 정부가 철도를 소유하는 것이 과연 옳은지의 문제 따위에는 별로 신경 쓰지 않습니다. 하지만 출세하고 돈을 더 많이 벌고 건강을 유지하는 법에 대해서는 눈을 반짝이며 귀를 쫑긋 세우지요. 만약 제가 이 잡지의 편집장이라면 치아관리법, 목욕하는 법, 여름을 시원하게 보내는 법, 취업하는 법, 직원 다루는 법, 집 사는 법, 기억력 높이는 법, 어법상의 실수를 피하는 법 등을 알려주는 기사를 쓸 겁니다. 사람들은 늘 인간적 관심을 끄는 이야기에 흥미를 느낍니다. 그래서 저라면 어떤 부자에게 부동산으로 떼돈을 번 과정을 말하게 할 겁니다. 또 성공한 은행가와 여러 기업의 사장들에게는 그들이 어떻게 바닥에서 그 자리에 이르게 되었는지를 털어놓게 하고요."

그 후 얼마 지나지 않아 시덜은 편집장이 되었다. 당시 그 잡지는 발행부수가 많지 않았다. 시덜은 곧 자신이 하겠다고 말한 일을 했다. 반응이 어땠을까? 폭발적이었다. 발행부수는 20만에서 30만, 40만, 50만 부로 치솟았다. 그곳에는 대중이 원하는 것이 있었다. 곧 한 달에 100만 명이 그 잡지를 구입했고, 다시 150만으로 불어났다가 결국 200만에까지 이르렀다. 그리고 거기서 멈추지 않고 수년간 계속 성장가도를 달렸다. 시덜은 자기 이익을 우선시하는 독자의 심리에 호소했던 것이다.

다음에 청중과 대면할 때는 그들이 자신과 관계된 말을 몹시 듣고 싶어 하는 모습을 시각화하라. 연사가 이러한 인간의 자기중심성을 고려하지 못할 때 그의 청중은 지루함을 견디지 못하고 몸을 비틀며 시계를 쳐다보고 출입문에 눈을 힐끔거릴 것이다.

2 꾸밈없고 진심어린 감사를 표하라

청중은 개인들의 집합체이며, 개인처럼 반응한다. 연사가 노골적으로 청중을 비판하면 그들도 화를 낸다. 그들이 칭찬받을 만한 일을 했을 때는 그에 대해 감사하라. 그러면 그들의 마음에 출입할 수 있는 통행증을 얻게 된다. 그러려면 대개 어느 정도의 연구가 필요하다. '여러분은 제가 만난 가장 지적인 청중입니다.' 식의 지나친 뻥튀기는 대부분의 청중에 의해 공허한 아첨이자 말놀음으로 불쾌하게 받아들여진다.

위대한 연설가 촌시 M. 드퓨의 말을 빌리면, 당신은 "청중에게 당신이 알고 있을 리가 없다고 생각되는 그들 자신에 대한 어떤 것을 말해야 한다." 예컨대, 볼티모어 키와니스 클럽에서 연설하게 된 한 남자는 최근에 전 키와니스 인터내셔널의 회장과 이사장이 회원으로 있다는 것 말고는 그 클럽에 대해 특별한 점을 찾을 수 없었다. 이것은 클럽 회원들에게 뉴스거리가 되지 못했다. 그래서 그는 이 사실에 대한 새로운 비틀기를 시도하여 연설을 이런 문장으로 시작했다.

"볼티모어 키와니스 클럽은 101,898개나 되는 클럽 중 하나입니다." 회원들은 자기들의 귀를 의심했다. 연사가 확실히 틀렸던 것이다. 전 세계에 키와니스 클럽은 2,897개밖에 없었기 때문이다. 연사가 계속 말을 이었다.

그렇습니다. 여러분은 믿지 않으실지 모르지만, 이 클럽이 적어도 수학적으로는 101,898개의 클럽 중 하나라는 것은 엄연한 사실입니다. 10만 개나 20만 개 중 하나도 아니고, 정확히 101,898개 중 하나입니다.

어떻게 그런 계산이 나오느냐고요? 키와니스 인터내셔널은 회원클럽이 2,897개뿐입니다. 볼티모어 클럽은 키와니스 인터내셔널의 전 회장님과 현직 이사님이 회원으로 계십니다. 수학적으로 어떤 키와니스 클럽이 키와니스 인터내셔널의 회장과 이사를 동시에 배출할 수 있는 확률은 101,898분의 1입니다. 저는 이게 틀림없는 계산임을 잘 알고 있습니다. 존스 홉킨스 대학의 수학박사 학위를 지닌 분에게 계산을 의뢰한 것이니까요.

정확히 100퍼센트 진실하라. 진실하지 못한 발언이 간혹 한 개인을 속일 수는 있겠지만, 결코 청중을 속이지는 못한다. '지적 수준이 무척 높은 여러분은······.' '뉴저지 주 호호쿠스의 최고 신사와 미녀들이 모인 이 특별한 자리는…….' '이 자리에 서게 되어 기쁘기 한량없습니다. 여러분 한 분 한 분을 사랑하니까요.' 아, 제발! 이런 식은 절대 안 된다. 진정어린 감사를 표현할 수 없다면, 그냥 입을 다무는 편이 낫다.

3. 청중과 일체감을 느껴라

 가능한 빨리-연설 초두에 하는 것이 좋다.-당신과 청중 사이의 어떤 직접적인 관계를 암시하라. 연설 요청을 받은 것을 영광스럽게 생각한다면, 그렇다고 말하라. 인디애나 주 그린캐슬에 있는 디파우 대학 졸업생들 앞에서 연설을 하게 된 해롤드 맥밀란은 첫 문장으로 소통의 통로를 열었다.

 "여러분의 환대에 정말 감사드립니다. 영국 총리가 이런 명문대학에 초청받는 것은 흔치 않은 일일 겁니다. 하지만 저는 제가 현직 총리라는 사실이 여러분의 초대를 받은 유일한 이유도 아니고 또 아마 중요한 이유도 아닐 거라고 생각합니다."

 그리고 그는 자신의 어머니가 인디애나 태생의 미국인이며, 외할아버지는 디파우 대학의 1회 졸업생이라고 밝혔다.

 "분명 저는 디파우 대학과의 이런 인연과 오래된 가족 전통을 부활시킬 수 있게 된 것을 매우 자랑스럽게 생각합니다."

 여러분은 맥밀란이 미국 학교와의 인연과 자기 어머니와 외할아버지가 알고 있던 미국적 생활방식을 언급함으로써 즉시 청중에게 친근감을 느끼게 했음을 단박에 알아볼 수 있을 것이다.

소통의 통로를 열 수 있는 또 다른 방법은 청중의 이름을 이용하는 것이다. 전에 나는 한 연회에서 연사와 나란히 앉았는데, 그가 강당에 있는 여러 사람에 대해 궁금해 하는 것을 보고 놀랐다. 그는 식사 시간 내내 행사 주최자에게 저기 파란 양복을 입은 사람은 누구이며 꽃무늬 모자를 쓰고 있는 여성의 이름은 무엇이냐는 식으로 계속 질문을 해댔다. 그가 왜 그런 것을 알고자 했는지는 그가 연단에 섰을 때 금방 밝혀졌다. 그는 아주 솜씨 좋게 그가 새로 알게 된 이름들 중 일부를 자신의 연설에 엮어 넣었고, 나는 이름이 거명된 인사들의 얼굴이 분명 기쁨으로 환해지는 것을 알아볼 수 있었다. 그리고 이 간단한 방법으로 연사가 청중들로부터 얻은 따뜻한 호의도 감지했다.

프랭크 페이스 주니어가 제너럴 다이내믹스 코퍼레이션의 사장으로 연설할 때 어떻게 몇 사람의 이름을 끼워 넣어 효과를 높였는지 보자. 그는 아메리칸 생명보험사의 종교인을 위한 연례 만찬회에서 이렇게 연설했다.

"이 저녁은 여러 면에서 제게 즐겁고 의미 있는 시간

입니다. 첫째, 제가 다니는 교회의 로버트 애플야드 목사님께서 지금 이 자리에 앉아 계십니다. 목사님은 당신의 말과 행동과 리더십으로 저 개인과 가족, 그리고 전체 신도들에게 영감을 주셨습니다. 둘째, 제가 루이스 스트라우스와 밥 스티븐스 두 분 사이에 앉아 있다는 것이야말로 제겐 개인적으로 굉장한 기쁨입니다. 이분들의 종교에 대한 관심은 사회봉사에 대한 관심을 통해 더욱 확대되었습니다……."

여기서 경고 한 마디 하자. 연설 직전에 물어물어 알게 된 낯선 이름들을 연설에 엮어 넣고자 할 때는 반드시 이름을 정확하게 알고 있어야 한다. 그리고 그 이름들을 사용하는 이유를 제대로 이해하고 좋은 의도로만 언급하며 적절하게 사용해야 한다.

청중의 주의를 끌 수 있는 또 다른 방법은 3인칭 대명사 '그들' 보다는 '여러분' 이라는 대명사를 이용하는 것이다. 이를 통해 청중은 계속 자기인식 상태에 있게 된다. 앞서 지적했듯이 청자의 관심과 주의를 잡아두려면 이 점을 가볍게 여기지 말아야 한다. 다음은 뉴욕에서 열린 강좌에서 한 학생이 황산에 관해 이야기한 내용을 발췌한 것이다.

황산은 다양한 방식으로 여러분의 삶에 영향을 줍니다. 만약 황산이 없다면 여러분의 차도 달릴 수 없을 겁니다. 황산은 등유나 휘발유를 정제하는데 널리 쓰이기 때문이죠. 여러분의 사무실과 가정을 밝혀주는 전등도 황산이 없으면 빛을 낼 수 없습니다.

욕실에서 물을 틀 때도 여러분은 니켈로 도금된 수도꼭지를 사용하는데, 이것을 제조하는데 황산이 필요합니다. 여러분이 쓰는 비누는 어떤가요? 그것 역시 황산 처리된 유지나 기름으로 만듭니다. 솔빗을 만드는 털과 셀룰로이드로 만든 빗도 황산 없이는 만들 수 없습니다. 여러분의 면도기 역시 가열 냉각된 후에는 틀림없이 황산 용액으로 씻었을 겁니다.

아침 식사 자리의 찻잔과 받침 접시도 순수한 백색이 아닌 이상 황산이 있어야 만들 수 있습니다. 숟가락과 나이프와 포크는 어떨까요? 이 녀석들도 은도금을 해야 할 경우에는 황산 용액으로 목욕을 해야 합니다. 이처럼 황산은 하루 종일 어디서나 여러분에게 영향을 줍니다. 어디를 가든 여러분은 그 영향권을 벗어날 수 없습니다.

'여러분'이란 말을 영리하게 사용하고 청중을 이야기 속에 엮어 넣는 방법으로 이 연사는 계속 그들의 주의를 붙잡아둘 수 있었다. 그러나 대명사 '여러분'이 위험할 때도 있다. 그것이 연사와 청중 사이에 가교 역할을 하기보다는 틈을 만들 때 그렇다. 이런 일은 청중을 깔보는 투로 말하거나 한 수 가르치려는 듯한 인상을 줄 때 일어난다. 그럴 때는 '여러분' 대신 '우리'라는 표현을 사용하는 것이 낫다.

미국의료협회 보건교육 담당국장인 W. W. 바우어 박사는 라디오와 텔레비전 연설에서 자주 이 기술을 사용했다. 한 번은 이런 식으로 말했다.

"우리는 좋은 의사를 택하는 법을 알고 싶어 합니다. 그렇지요? 마찬가지로 의사에게 최상의 서비스를 받으려면, 좋은 환자가 되는 법을 알아야 하지 않겠습니까?"

4 청중을 연설의 협력자로 만들어라

약간의 쇼맨십을 발휘하여 청중이 당신의 한 마디 한 마디에 귀를 곤두세우게 할 수 있다고 생각해 본 적이 있는가? 청중 몇 사람을 지목하여 당신이 어떤 논점을 증명하거나 어떤 개념을 극적으로 표현할 수 있도록 도와달라고 할 때, 그들의 관심은 눈에 띄게 높아질 것이다. 청중으로서의 자기 위치를 잘 알고 있기에 그들은 자기들 중 누군가가 연사의 요청에 의해 어떤 '역할'을 맡게 될 때 무슨 일이 전개될지 눈을 반짝이며 주시하게 된다. 많은 연사들이 말하듯이, 연사와 청중 사이에 벽이 있을 경우에는 청중을 참여시키는 것이 그 벽을 허무는데 보탬이 될 수 있다.

브레이크를 밟은 후 차가 정지하는데 필요한 거리를 설명하던 한 연사가 기억난다. 그는 앞줄에 앉아 있던 청중 한 명에게 이 거리가 차의 속도에 따라 어떻게 달라지는지 증명할 수 있도록 좀 도와달라고 부탁했다. 그 남자가 쇠로 된 줄자의 끝을 잡고 복도를 따라 15미터 정도 이동했을 때 연사는 거기서 멈추라는 신호를 보냈다. 이 과정을 지켜보면서 나는 전체 청중이 강연에 완전히 빨려 들어가는 것을 분명히 확인할 수 있었다. 그때 나는 연사의 논점에 대한 생생한 설명 외에도 그 줄자가 확실히 연사와 청중 사이에 소통의 매개 역할을 했다고 생각했다. 이런 쇼맨십이 없었다면 청중은 저녁에 뭘 먹을 것인가, 그날 저녁 텔레비전에 어떤 프로그램이 있나를 생각하며 딴청을 피웠을지 모른다.

청중의 참여를 유도하는 내가 좋아하는 방법 하나는 그냥 질문을 하고 답을 듣는 것이다. 또 청중을 일으켜 세워 내가 말하는 문장을 따라하게 하거나, 손을 들어 내 질문에 답하게 하는 방법을 즐겨 쓴다. 청중을 참여시키는 문제에 대한 귀중한 조언이 담긴 책《말과 글에 유머를 넣는 법》에서 퍼시 H. 휘팅은 청중에게 어떤 사안에 대해 투표를 하게 하거나, 당신이 어떤 문제를 해결하는데 그들의 도움을 요청하라고 제안한다. 그는 이렇게 말했다.

"올바른 마음 상태를 지녀야 한다. 그것은, 연설에는 암송과 달리 청중의 반응을 이끌어낸다는 의도가 담겨 있음을 인식하는 마음상태이다. 말하자면 청중을 이 일에 협력자로 참여시키는 것이다."

나는 청중을 '협력자'라고 표현한 것이 마음에 든다. 그것이 이 단락의 핵심 요점이다. 만약 청중을 참여시킨다면, 당신은 그들에게 협력의 권리를 부여하는 셈이다.

5 자신을 낮추어라

 물론 연사와 청중의 관계에서 진실함을 대신할 만한 것은 없다. 노먼 빈센트 필은 신도들이 자신의 설교에 집중하지 않아 마음 고민이 많던 동료 목사에게 매우 유익한 조언을 해주었다. 그는 이 목사에게 그가 매주 일요일 아침 설교를 전하는 신도들에 대해 어떤 감정을 느끼는지 자문해 보라고 했다. 그들을 좋아하는가? 그들을 돕고 싶은가? 그들을 지적으로 열등하다고 생각하는가? 필 박사는 자신이 마주하려는 사람들에 대해 강한 애정을 느끼지 않으면 절대 강단에 오르지 않는다고 말했다. 청중은 지적 능력이나 사회적 지위에서 자신이 더 우월하다고 생각하는 연사의 마음을 날카롭게 꿰뚫어본다. 사실 연사가 청중에게 사랑받을 수 있는 가장 좋은 방법 중 하나는 자신을 낮추는 것이다.

 메인 주 상원의원인 에드먼드 S. 머스키는 보스턴에서 열린 미국법학자총회에서 연설했을 때 이 사실을 증명해 보였다. 그의 연설을 들어보자.

 "저는 오늘 아침 많은 의혹을 품은 채 이 자리에 섰습니다. 우선 저는 여러분의 전문적 역량을 잘 알고 있기에 저의 보잘것없는 지식을 여러분의 예리한 비판의 도마 위에 올려놓는 일이 과연 현명한 일인가를 생각지 않을 수 없습니다. 둘째, 이것은 조찬 모임입니다. 인간의 경계심이나 조심성이 아주 느슨해지는 시간이지요. 이때 방심하여 까딱 실수라도 하는 날엔 정치인에게 치명적일 수 있습니다. 셋째는 저의 연설 주제, 즉 토론이 공인으로서의 제 삶에 미친 영향의 문제가 있습니다. 제가 활발하게 정치 활동을 하는 동안은 그 영향이 좋았느냐 나빴느냐를 둘러싸고 제 유권자들 사이에 날카로운 의견 대립이 있을 수 있는 것입니다.

이런 의심들을 거둘 수 없다 보니 저는 마치 뜻하지 않게 나체촌에 날아든 모기가 된 기분입니다."

하지만 머스키 상원의원은 계속 말을 이어가며 결국 멋진 연설을 해냈다.

애들라이 E. 스티븐슨은 미시간 주립대학에서 행한 졸업식 연설 초두에 자신을 낮추며 이렇게 말했다.

"제가 이런 행사에는 어울리지 않는다는 느낌을 지울 수 없어 저는 사무엘 버틀러가 어떻게 하면 인생을 최대한 활용할 수 있겠느냐는 질문을 받았을 때 한 발언을 떠올리게 되었습니다. 그때 그는 이렇게 대답했을 겁니다. '난 다음 15분을 최대한 활용하는 법도 모르는 걸요.' 저 역시 앞으로의 20분에 대해서도 버틀러와 같은 심정입니다."

 청중의 반감을 자극하는 가장 확실한 방법은 은근슬쩍 자신이 그들보다 잘난 사람임을 암시하는 것이다. 연설을 할 때 당신은 진열장에 있는 셈이며, 거기서 자신의 인격을 낱낱이 내보이게 된다. 조금이라도 허풍의 낌새가 감지되면 바로 치명타를 맞을 수 있다. 반면 겸손한 태도는 신뢰와 선의를 자극한다. 미안해하거나 비굴하지 않고도 겸손한 모습을 보일 수 있다. 최선을 다할 의지를 보여주기만 하면 청중은 자신의 한계를 인정하는 당신의 모습에 호감을 느낄 것이다.

 미국의 방송계는 살벌한 세계이다. 매 시즌마다 최고 수준의 공연자들이 치열한 경쟁의 마당에서 떨려나간다. 매년 그 투쟁의 현장에서 살아남은 생존자 중 하나가 에드 설리번이다. 그는 TV 쪽 전문이 아니라, 신문사 사람이다. 사실 그는 경쟁이 극심한 이 분야에서 아마추어이다. 그럼에도 그가 계속 살아남는 것은 아마추어가 아닌 척하지 않기 때문이다. 카메라 앞에서 그가 보이는 독특한 버릇은 자연스러운 매력이 부족한 사람에게는 핸디캡으로 작용했을 것이다. 그는 턱을 손으로 받치고 어깨를 구부리며 넥타이를 확 잡아당기고 말을 더듬는다. 그러나 에드 설리번에게 이런 결함들은 치명적이지 않다. 그는 이런 결점들을 비판하는 사람들에게 화내지 않는다. 오히려 한 시즌에 최소한 한 번, 그는 자신을 완벽하게 풍자하며 그의 모든 결점을 과장하는 재능 있는 모방자를 이용하여 스스로를 기꺼이 웃음거리로 만든다. 에드 설리번은 이 연기자가 자신을 똑같이 흉내 낼 때 다른 사람들과 마찬가지로 그냥 천연덕스럽게 웃는다. 그는 비판을 환영하며, 청중은 그런 그의 모습을 사랑한다. 청중은 겸손한 사람을 좋아한다. 그들은 젠체하는 자기중심주의자를 싫어한다.

헨리와 다나 리 토머스 부부는 그들의 책 《종교 지도자들의 살아 있는 전기 *Living Biographies of Religious Leaders*》에서 공자에 대해 이렇게 말했다.

"그는 절대 혼자만의 지식으로 사람들을 압도하려 하지 않았다. 단지 관대한 공감의 정신으로 그들을 깨우치려 했을 뿐이다."

이런 관대한 공감의 정신을 갖고 있다면, 우리는 청중의 마음문을 열 수 있는 열쇠를 갖고 있는 셈이다.

제3장

준비된 연설과
즉석연설의 목적

1 행동 촉구를 위한 짧은 연설

제1차 세계대전 중에 영국의 유명한 주교 한 분이 업튼 캠프의 병사들 앞에서 연설을 했다. 그들은 참호로 가는 길이었는데, 그들 중 자신이 왜 그곳에 가야 하는지 제대로 알고 있는 병사는 극히 적었다. 나는 이 사실을 잘 알고 있다. 그들에게 직접 물어본 적이 있기 때문이다. 하지만 이 주교는 거창하게 '국제 친선'과 '독일에 대한 세르비아의 권리'에 대해 이야기했다. 그러나 병사들 절반은 세르비아가 도시 이름인지 질병 이름인지도 몰랐다. 그럴 바엔 차라리 태양계의 기원에 대한 성운 가설에 관한 학술논문을 발표하는 편이 나았을지도 모른다. 그럼에도 그가 연설하는 동안 단 한 명의 병사도 강당을 떠날 수 없었다. 그들의 이탈을 막기 위해 출구마다 헌병이 배치되었기 때문이다.

여기서 그 주교를 깎아내릴 생각은 없다. 그는 철두철미한 학자였으며, 신도들 앞에서라면 아주 멋진 연설을 했을지 모른다. 하지만 이 군인들 앞에서는 참담하게 실패했다. 왜 그랬을까? 그는 분명 연설의 정확한 목적도, 그것을 달성할 방법도 몰랐다.

연설의 목적이란 무슨 의미일까? 연사가 알든 모르든 모든 연설은 다음 네 가지 중 하나를 목표로 한다.

1. 설득하거나 행동을 촉구한다.
2. 정보를 제공한다.
3. 감동과 확신을 준다.
4. 즐거움을 준다.

에이브러햄 링컨의 연설들을 통해 이들 각각의 구체적인 예를 찾아보자.

링컨이 좌초된 배를 모래톱이나 다른 장애물에서 들어 올리는 장치를 발명하여 특허를 냈다는 사실을 아는 사람은 별로 없다. 그는 자신의 법률사무소 근처에 있는 기계 정비소에서 일하며 그 장치의 모형을 만들었다. 친구들이 그 모형을 보러 그의 사무실에 오면 링컨은 조금도 귀찮아하지 않고 친절히 설명을 해주었다. 이때 그 설명의 주요 목적은 정보를 제공하는 것이었다.

게티즈버그에서 행한 그 불멸의 연설, 1차와 2차 취임식 때의 연설, 그리고 정치가이자 웅변가인 헨리 클레이가 사망했을 때 그의 삶을 기리며 했던 추도 연설 등에서 링컨의 주요 목적은 감동과 확신을 주는 것이었다.

배심원을 상대로 한 변론을 할 때는 유리한 판결을 이끌어내려고 했고, 정치적인 연설에서는 표를 얻으려고 했다. 이때의 목적은 행동이었다.

대통령으로 선출되기 2년 전에 링컨은 발명에 대한 강연을 준비했다. 이때 그의 목적은 즐거움을 주는 것이었다. 적어도 이것이 그의 목적이었을 테지만, 그다지 성공적이지는 못했다. 사실 대중연설가로서의 그의 경력은 확실히 실망스러웠다. 어떤 마을에서는 그의 말을 들으러 온 사람이 하나도 없는 경우도 있었다.

그러나 다른 연설에서는 화려하게 성공했다. 그중 일부는 연설의 고전으로 꼽히기도 했을 정도이다. 그 이유는 무엇일까? 이 경우에는 링컨이 연설의 목적과 그것을 달성하는 방법을 알고 있었기 때문이다.

그 많은 연사들이 연설에 실패하여 낭패를 보는 것은 자신의 목적과 그들이 연설하는 모임의 목적을 조화시키지 못하기 때문이다.

예를 들어보자. 전에 미국의 국회의원 한 분이 청중의 야유와 조롱을 받으며 뉴욕의 옛 히포드롬 극장 무대를 떠나야 했던 적이 있다. 그 이유는, 틀림없이 자기도 모르게 그랬겠지만 어리석게도 '정보 제공'을 연설의 목적으로 선택했기 때문이다. 그 자리에 모인 청중은 가르침을 받으러 온 것이 아니었다. 그들은 즐거움을 원했다. 그들은 처음 10분간은, 그리고 15분간은 참을성 있게, 정중하게 귀를 빌려주었지만 속으로는 빨리 이 따분한 연설이 끝나기만을 기다렸다. 하지만 그는 멈추지 않고 계속 입을 놀려댔다. 결국 청중의 인내심이 한계에 다다랐다. 누군가가 야유조의 환호를 외쳐댔고 곧 다른 사람들이 이어받았다. 순식간에 1,000여 명의 청중이 휘파람을 불며 소리를 질러댔다. 참 답답하게도 여전히 상황 파악을 못한 연사는 그 지경에서도 계속 지껄여댔다. 급기야 청중은 자리를 박차고 일어났고 전투가 시작되었다. 그들의 조급함은 분노로 돌변했다. 그들은 그 의원의 입을 틀어막기로 했다. 청중의 야유와 항의와 분노의 함성은 점점 더 걷잡을 수 없게 되어 마침내 연사의 말을 압사시켰고, 바로 옆에 있는 사람도 그의 말을 알아들을 수 없을 정도가 되었다. 결국 그는 포기하고 패배를 인정하며 굴욕 속에 쫓겨나는 수밖에 없었다.

위의 사례를 통해 얻어야 할 교훈은, 연설의 목적을

청중과 상황에 맞춰야 한다는 것이다. 만약 그 의원이 정보를 제공한다는 자신의 연설 목적이 그 집회에 온 청중의 목적과 일치되는지 미리 확인을 해보았더라면, 이런 참극은 피할 수 있었을 것이다. 먼저 청중과 집회의 특성을 분석하라. 그 후에 비로소 네 가지 목적 중 하나를 선택하라.

이 단락에서는 행동을 촉구하는 짧은 연설을 중점적으로 다룸으로써 연설 구성이라는 중요한 영역에 대한 이해를 높일 것이다. 다음 세 개 단락에서는 나머지 연설 목적—정보 제공, 감동과 확신, 즐거움—을 검토한다. 각각의 목적은 저마다 다른 구성 패턴을 필요로 하며, 서로 극복해야 할 장애물도 다르다. 먼저 청중의 행동을 유도하기 위한 연설을 구성하는 기본 방법을 알아보자. 청중의 행동을 자극하는데 효과적인, 연설 자료와 소재를 배열하는 방법이 따로 있는 걸까? 아니면 그것은 그저 주먹구구식의 전술일까?

내 강좌가 전국으로 뻗어가기 시작하던 1930년대에 나는 동료들과 이 문제를 토론한 적이 있다. 학생 수가 많았기에 우리는 각 수강생들의 연설에 2분의 시간제한을 두고 있었다. 이런 제한은 연사의 목적이 단지 즐거움을 주는 것이거나 정보를 제공하는 것일 때 연설에

별 영향을 주지 않았다. 그러나 행동을 촉구하는 연설일 때는 문제가 달랐다. 아리스토텔레스 이래로 연설가들이 이용해 온 구성 패턴인 서론, 본론, 결론 식의 구식 체계를 따를 경우에 행동 촉구 연설은 효과가 신통치 않았다. 청중의 행동을 자극하려는 목적의 2분 연설이 효과를 낼 수 있는 확실한 방법을 찾으려면 분명 뭔가 새롭고 다른 것이 필요했다.

우리는 시카고, 로스앤젤레스, 그리고 뉴욕에서 모임을 개최했다. 그리고 모든 강사들에게 호소했다. 그들은 상당수가 유명 대학들의 스피치 학과 교수였으며, 기업에서 요직에 있는 인사들도 있었다. 일부는 빠르게 성장하는 광고와 판촉 분야 쪽의 사람들이었다. 이런 다양한 배경과 두뇌를 통합하여 우리는 연설 구성에 대한 새로운 접근법을 찾아보고자 했다. 그것은 간결하면서도 청중의 행동의지를 자극할 수 있는 심리적이고 논리적인 방법에 대한 시대의 요구가 반영된 것이어야 했다.

우리는 실망하지 않았다. 이 토론을 통해 연설을 구성하는 마법의 공식을 개발한 것이다. 우리는 수업에서 그 공식을 사용하기 시작했고, 그 이후로 계속 이용해 오고 있다. 그 마법의 공식은 무엇일까? 간단하다. 첫째, 당신의 사례, 즉 전달하고 싶은 핵심 내용을 생생하게 예시해 주는 사건을 자세히 설명하는 것으로 연설을 시작하라는 것이다. 둘째, 구체적이고 명확한 언어로 요점, 즉 청중이 정확히 뭘 해주기 바라는지 밝혀라. 셋째, 이유를 제시하라. 말하자면, 청자가 당신이 요청하는 행동을 할 때 어떤 유익과 이익을 얻을 수 있을지를 강조하라는 것이다.

이것은 속도 빠른 우리의 생활방식에 매우 적합한 공식이다. 연사들은 더 이상 말머리에서 길고 한가롭게 뜸을 들일 여유가 없다. 청중은 바쁜 사람들이며, 연사가 무슨 말을 하든 간단명료한 언어로 전해 주기를 바란다. 그들은 단도직입적으로 사실을 툭 던져주는, 요약되고 압축된 저널리즘의 언어에 익숙하다. 또 그들은 광고판, TV 화면, 잡지, 신문에서 강렬하고 명확한 언어로 메시지를 쏘아대는 메디슨 가의 광고에 노출되어 있다. 여기서는 한 마디 한 마디가 철저히 계산되며, 쓸데없는 군더더기는 하나도 없다. 마법의 공식을 통해 당신은 확실히 청중의 주의를 끌어와 메시지의 핵심 요점에 집중시킬 수 있다. 그것은 처음부터 이런 식으로 김을 빼지 않게 한다. '연설 준비 시간이 충분하지 못했습니다.' '여러분의 회장님이 이 주제에 대한 연설을 부탁하셨을 때, 왜 저를 선택하셨는지 의아했습니다.' 청중은 진실한 것이든 가장된 것이든 사과나 변명 따위에는 관심 없다. 그들은 행동을 원한다. 마법의 공식을 이용하면 말문을 여는 순간 바로 행동을 촉구할 수 있다.

이 공식은 짧은 연설에 이상적이다. 어느 정도의 서스펜스에 기초하고 있기 때문이다. 청자는 당신이 전하는 이야기에 빨려들지만, 연설의 요지가 무엇인지는 2~3분이 지나고 나서야 감지하게 된다. 청중에게 어떤 요구를 하는 경우에는 이렇게 해야 성공 가능성이 가장 높다. 어떤 대의나 명분이 아무리 가치 있는 것이라 해도, 가령 '신사숙녀 여러분, 저는 여러분 각자에게 5달러를 모금하려고 이 자리에 나왔습니다.' 식으로 시작해서는 어떤 연사도 청중의 지갑을 열게 하기 어렵다. 오히려 그들이 허겁지겁 출구를 향해 걸음을 재촉하게 만들기 십상이다. 하지만 연사가 소아병원을 찾아갔던 일을 설명할 경우, 그리고 그곳에서 돈이 없어 수술을 못 받는 어린 환자 이야기를 하며 기부를 요청한다면, 청중의 호응을 받을 가능성이 크게 높아질 것이다. 원하는 행동을 얻어내기 위한 준비는 바로 이야기, 즉 구체적인 사례에서 시작된다.

르랜드 스토우가 유엔의 아동 구호 활동에 청중의 동참을 유도하기 위해 어떻게 사례를 이용했는지 보자.

저는 다시는 그런 일을 겪지 않게 해달라고 기도합니다. 아이와 죽음 사이의 틈을 고작 땅콩 한 알로 채워야 하는 현실보다 더 비참한 게 있을까요? 여러분은 결코 그런 경험을 하지 않게 되기를, 훗날 그런 기억에 시달리며 살지 않아도 되기를 바랍니다. 만약 여러분이 1월의 그날, 폭탄 공격을 받은 아테네의 노동자 지구에서 그들의 목소리를 듣고 그들의 눈을 보았다면…… 하지만 제가 줄 수 있는 건 반 파운드 무게의 땅콩 캔이 전부였습니다. 제가 그걸 열려고 하자 누더기를 걸친 아이들 수십 명이 미친 듯이 제게 몰려들었습니다. 팔에 아기를 안은 어머니 수십 명도 밀치고 싸우면서 제 손이 닿는 거리에 이르려고 했고, 자기 아기를 제게 들어올리기도 했지요. 아기들은 피골이 상접한 작은 손들을 발작적으로 내뻗었습니다. 땅콩 한 알 한 알이 그렇게 무거울 수도 있다는 걸 그때 처음 알았습니다.

아이들이 미친 듯이 엉겨 붙는 바람에 저는 거의 쓰러질 뻔했습니다. 눈에 보이는 건 그저 수백 개의 손뿐이었습니다. 그들은 모두 애걸하는 손, 움켜쥐는 손, 필사적인 손, 그리고 애처로운 작은 손들이었습니다. 저는 땅콩을 여기에 한 알, 저기에 한 알씩 나누어주었습니다. 여섯 알이 제 손가락 사이로 빠져나간 순간, 수척한 몸뚱이들이 아귀처럼 제 발 주위에서 사투를 벌였습니다.

여기에 한 알, 저기에 한 알. 내뻗으며 애걸하는 수백의 손들. 희망의 빛이 꺼져가는 수백의 눈들. 저는 텅 빈 파란색 깡통을 손에 들고 무기력하게 서 있었습니다……그렇습니다. 여러분은 절대 이런 일을 경험하지 않기 바랍니다.

마법의 공식은 사무용 서신을 쓰고 동료나 부하 직원에게 지시를 내릴 때도 사용할 수 있다. 엄마들은 자녀의 의욕을 북돋울 때, 자녀들도 부모님께 뭔가 청을 할 때 활용할 수 있다. 또 그것은 일상생활에서 남에게 자신의 생각을 납득시키는데 요긴하게 써먹을 만한 심리적 도구가 될 수 있다.

마법의 공식은 광고에서도 매일 활용된다. 에버레디 건전지는 최근 이 공식을 토대로 제작된 일련의 라디오 및 텔레비전 광고를 내보냈다. 사례를 전하는 단계에서 내레이터는 가령 한밤중에 뒤집힌 차 안에 갇힌 누군가의 경험을 이야기했다. 사고 상황을 자세히 설명한 후에는 피해자에게 요청하여 에버레디 건전지로 작동하는 플래시의 불빛이 어떻게 적시에 구원의 손길이 될 수 있었는지를 말해 달라고 한다. 그 뒤에 아나운서는 계속해서 요점과 이유를 전달했다.

"에버레디 건전지를 구입하십시오. 그러면 당신도 비슷한 위급상황에서 살아남을 수 있습니다."

이 이야기들은 모두 에버레디 배터리사의 파일에 기록되어 있는 진짜 경험이었다. 이 광고 시리즈로 에버레디 건전지가 얼마나 많이 팔렸는지는 모르겠지만, 마법의 공식이 청중에게 무엇을 하고 무엇을 하지 말아야 할지를 전달하는 효과적인 방법이라는 사실은 알고 있다. 이제 이 단계들을 한 번에 하나씩 살펴보자.

1. 직접 경험한 사건을 사례로 제시하라

이것이 당신의 연설에서 가장 많은 시간을 차지할 부분이다. 여기서 당신은 자신에게 가르침을 준 경험을 이야기한다. 심리학자들에 따르면, 우리는 두 가지 방식으로 배운다고 한다. 하나는 '연습의 법칙'으로, 비슷한 사건을 여러 번 겪을 때 행동패턴이 바뀌며, 다른 하나는 '효과의 법칙'으로, 단 하나의 사건이 행동의 변화를 초래할 정도로 아주 충격적인 경우이다.

우리는 누구나 이런 종류의 특이한 경험을 한 적이 있다. 이런 사건들은 기억의 표층 근처에 자리하기 때문에 오래도록 찾아 헤맬 필요가 없다. 인간의 행동은 상당 부분 이런 경험에 영향을 받는다. 이런 사건들을 생생하게 재구성함으로써 우리는 그것을 다른 사람들의 행동을 자극하기 위한 근거로 이용할 수 있다. 이것이 가능한 이유는, 사람들은 실제 일어난 일에 반응하는 것과 상당히 비슷하게 말에도 반응하기 때문이다. 사례를 드는 부분에서 당신은 그것이 처음 당신에게 주었던 것과 똑같은 영향을 청중에게도 줄 수 있도록 그 경험을 재창조해야 한다. 그러기 위해서는 청중이 흥미와 감동을 느낄 수 있도록 당신의 경험을 명확히 전달하고 더욱 강화하며 극적으로 표현하는 것이 중요하다. 다음에 행동촉구 연설의 사례 단계를 명료하고 강렬하고 의미 있게 만들기 위한 몇 가지 방법을 제시한다.

사례담은 하나의 개인적 경험을 중심으로 전개하라
사건 유형의 사례는 당신의 삶에 큰 영향을 준 단일한 사건에 근거할 때 특별히 강력한 효과를 낸다. 그 사건은 단 몇 초간의 경험일 수도 있지만, 그 찰나의 시간에 당신은 잊을 수 없는 교훈을 배웠다. 얼마 전에 우리 수강생 한 명이 뒤집힌 배에서 뭍으로 헤엄쳐 가려고 했을 때 겪은 끔찍한 경험을 이야기한 적이 있다. 그때 그의 말을 들은 사람들은 틀림없이 비슷한 상황이 닥치면 그가 충고한 대로 구조대가 올 때까지 뒤집힌 배에 그대로 머물겠다고 결심했을 것이다.

또 기억에 남는 것은 한 아이와 전기 잔디 깎는 기계에 얽힌 참혹한 사건을 경험한 화자의 사례이다. 이 사건은 내 뇌리에 매우 또렷이 각인되어 절대 아이들이 내 잔디 깎는 기계 근처에는 얼씬도 못 하게 하리라 다짐하게 되었다. 우리 강사들도 수업 중에 들은 이야기를 잊지 못해 즉시 자기 집 주변에서 비슷한 사고가 일어나는 것을 막기 위해 조치를 취한 경우가 많았다. 이를테면, 어떤 강사는 요리 중에 발생한 비극적인 화재 사건을 생생하게 재현한 이야기를 들은 후 부엌에 항상 소화기를 비치해 두었다. 또 다른 강사는 독이 든 병마다 모두 표시해 두고, 그것들을 아이들 손이 닿지 않는 곳에 보관했다. 이런 행동은 손에 독이 든 병을 움켜쥔 채 욕실에 의식을 잃고 쓰러져 있던 자식을 발견한 한 여인의 끔찍한 경험을 듣고 나서 즉시 취해진 것이다.

결국 설득력 있는 행동촉구 연설의 첫 번째 조건은 결코 잊지 못할 교훈을 준 하나의 개인적 사건이다. 이런 유형의 사건을 매개로 당신은 청중이 행동에 나서게 할 수 있다. 그들은 당신에게 일어났던 일이 자기에게도 일어날 수 있다고 생각하게 된다. 당신의 충고를 따르는 것이 자신에게도 좋으리라고 판단하는 것이다.

사례에 대한 자세한 묘사로 연설을 시작하라

사례 단계로 연설을 시작하는 이유 하나는 즉시 청중의 주의를 휘어잡으려는 것이다. 일부 연사들의 첫 마디가 강렬한 인상을 주지 못하는 것은, 청중이 별 흥미를 못 느끼는 반복적인 발언, 상투적 문구, 또는 단편적인 사과로 이루어진 경우가 너무 많기 때문이다. 가령 '제가 연설을 해본 적이 별로 없기 때문에' 식의 말이 특히 듣기 거북하지만, 연설을 시작하는 다른 흔한 방법들 역시 주의를 끄는 힘이 약하기는 마찬가지이다. 어떻게 특정 주제를 선택하게 되었는지 장황하게 늘어놓는 것, 연설 준비를 충분히 하지 못했다는 식의 말(굳이 그런 말 안 해도 청중은 금방 알아보게 되어 있다.) 또는 마치 목사님이 설교 원고를 읽듯 연설의 주제를 전달하는 방식 등은 모두 행동 촉구를 위한 짧은 연설에서는 피해야 한다.

최고 수준의 잡지와 신문기자들에게 한 수 배워라. 바로 사례로 시작하여 단번에 청중의 주의를 휘어잡는 것이다.

다음에 자석처럼 내 주의를 빨아들인 서두 몇 개를 소개한다. "1942년에 저는 졸지에 병원 신세를 지게 되었습니다." "어제 아침 식사 때 아내가 커피를 따라주었는데……." "작년 7월, 저는 42번 고속도로를 급히 달리고 있었습니다." "제 사무실 문이 열리더니 현장감독인 찰리 밴이 불쑥 들어왔습니다." "호수 한가운데서 낚시를 하고 있었습니다. 문득 고개를 드니 모터보트 한 대가 제 쪽으로 질주해 오더군요."

누가, 언제, 어디서, 무엇을, 어떻게, 또는 왜의 질문 중 하나에 답하는 표현으로 말문을 연다면, 당신은 청중의 주의를 사로잡는 가장 오래된 소통 방법의 하나, 곧 이야기를 이용하는 셈이다. '옛날 옛날에'라는 말은 아이 상상력의 수문을 열어젖히는 마법의 말이다. 이와 똑같은 인간적 관심을 자극하는 방법을 쓰면 첫 마디로 청자의 마음을 끌어당길 수 있다.

적절한 세부 묘사로 사례에 살을 붙여라

가구와 장식품들로 가득한 방이 매력적이지 않듯이 세부 묘사 자체는 별로 재미없다. 관련 없는 디테일이 너무 많은 그림은 보는 이의 눈을 오래 붙잡아두지 못한다. 마찬가지로 세부 묘사—중요하지 않은 세부 내용—가 지나칠 때, 대화나 대중연설은 지루한 인내심 테스트가 되기 십상이다. 이를 피하는 비결은 연설의 요점과 이유를 강조하는데 도움이 될 세부 사항들만을 선택하는 것이다. 가령, 장거리 여행을 떠나기 전 꼭 자동차를 점검하라고 충고하고 싶다면, 사례 제시 단계의 모든 세부 내용은 당신이 여행을 가기 전 자동차를 손보지 않아 겪었던 실제 경험과 관련된 것이어야 한다. 경치가 어땠고, 목적지에 도착했을 때 어디에 머물렀는지 등을 늘어놓는 것은 요점을 흐리게 하고 주의를 흐트러뜨릴 뿐이다.

구체적이고 생생한 언어로 표현된 적절한 세부 내용은 사건을 실감나게 재현하고 청중의 눈앞에 사건 현장을 그대로 보여줄 수 있는 가장 좋은 방법이다. 단지 당신이 부주의해서 사고가 났다고만 말하는 것은 너무 뻔하고 재미도 없으며, 그런 말을 듣고 자동차 바퀴 뒤를 더 조심해야겠다고 결심하는 사람은 아마 하나도 없을 것이다. 하지만 여러 감각을 자극하는 어구를 동원하여 당신이 경험한 아찔했던 사건을 그림을 그리듯 보여줄 때, 그것은 청자의 의식에 지워지지 않는 흔적을 남긴다. 아래에 한 수강생이 전개한 사례 제시의 예를 소개한다. 그것은 겨울에 도로를 달릴 때 얼마나 조심해야 하는지를 실감나게 보여준다.

　1949년, 크리스마스 직전의 어느 날 아침 저는 인디애나 주의 41번 고속도로를 타고 북쪽으로 달리고 있었습니다. 차 안에는 아내와 두 아이들이 타고 있었죠. 몇 시간 동안 우리는 거울 표면 같은 얼음 위를 살금살금 기어가듯 서행했습니다. 핸들을 살짝 건드리기만 해도 자동차의 후미가 미끄러져 간담을 서늘하게 했습니다. 차선을 바꿔 추월을 시도한 운전자들은 거의 없었지요. 그렇게 몇 시간을 느릿느릿 기어가는 듯했습니다.

그러던 끝에 우리는 마침내 햇살에 얼음이 녹은 확 트인 길에 다다르게 되었고, 저는 잃어버린 시간을 벌충하기 위해 가속페달을 밟았습니다. 다른 차들도 그렇게 했지요. 갑자기 너나 할 것 없이 시카고에 먼저 도착하기 위해 경쟁이라도 하는 듯했습니다. 위험의 긴장이 잦아들자 아이들도 뒷좌석에서 노래를 부르기 시작했습니다.
  그런데 갑자기 도로가 오르막길이 되더니 이내 숲속으로 접어들었습니다. 빠르게 달리던 차가 꼭대기에 이르렀을 때 저는 그 언덕의 북쪽 경사면에 햇살이 닿지 않아 얼음 강처럼 매끄럽다는 것을 발견했지만 이미 때가 너무 늦은 뒤였습니다. 나는 우리 앞에 위태롭게 달리던 차량 두 대를 흘끗 보았고, 다음 순간 우리는 미끄러졌습니다. 자동차는 통제 불능 상태가 되어 갓길을 넘어가 눈더미에 처박혔지요. 그때까지만 해도 아직 차는 바른 자세를 유지하고 있었습니다. 하지만 제 뒤에 오던 차 역시 미끄러져 제 차 옆을 들이받아 문을 박살냈고 깨진 유리 파편들이 우리에게 비처럼 쏟아졌습니다.

이 사례에서 볼 수 있는 풍부한 세부 묘사는 청중들이 쉽게 자신을 그 상황의 일부가 된 것처럼 상상하게 한다. 결국 우리의 목적은 우리가 보고 듣고 느낀 것을 청중도 똑같이 보고 듣고 느끼게 만드는 것이다. 이 효과를 달성할 수 있는 유일한 방법은 구체적인 세부 묘사를 많이 이용하는 것이다. 앞서 서술한 〈말할 자격을 갖추어라〉에서 지적했듯이 연설을 준비하는 것은 누가, 언제, 어디서, 무엇을, 어떻게, 왜의 질문에 대한 대답을 재구성하는 일이다. 우리는 말로 그림을 그려냄으로써 듣는 이들의 시각적 상상력을 자극해야 한다.

사건을 이야기하면서 그 경험을 다시 체험하라

회화적인 언어를 사용하여 세부 묘사를 하는 것 외에도 연사는 자신이 말하고 있는 경험을 다시 체험해야 한다. 이곳이 바로 연설이 그와 사촌지간인 연기와 만나는 지점이다. 위대한 연사들은 누구나 연기 감각이 있다. 하지만 이것이 웅변가의 전유물만은 아니다. 아이들은 대부분 이런 능력이 풍부하다. 우리가 아는 이들 중에도 타이밍 감각, 얼굴 표정 연기, 흉내 내기, 팬터마임 등의 재능을 지닌 사람들이 적지 않은데, 이들은 모두 극적인 표현 능력의 일부를 구성하는 요소이다. 대부분의 사람들이 어느 정도는 이런 기술을 갖고 있으며, 약간의 노력과 연습으로 더욱 발전시킬 수 있다.

경험한 사건을 이야기할 때 극적인 요소와 흥분이 더 많이 가미될수록 그만큼 청중에게 더 강한 인상을 남길 수 있다. 연설의 세부 묘사가 아무리 훌륭하다 해도 거기에 재체험을 통해 표출되는 연사의 열정이 빠져 있다면, 김이 빠지고 박력이 부족해지게 된다. 화재 사건을 묘사하는가? 그러면 우리에게 불길과 싸우는 소방관들을 보면서 군중이 느끼는 흥분을 경험하게 하라. 이웃과 말다툼했던 일을 말하려는가? 그러면 당시 상황을 재현하고 극적으로 표현하라. 물에 빠져 사투를 벌일 때 당신을 덮쳐오던 공포심을 묘사하려는가? 그러면 청중도 그 무서웠던 순간의 절망을 맛보게 하라. 사례를 제시하는 목적 중 하나는 당신의 연설을 잊히지 않게 하는 것이다. 사례가 청중의 뇌리에 붙박일 때만이 그들은 당신의 이야기와 요청을 기억할 것이다. 우리가 조지 워싱턴의 정직성을 기억하는 것은 그의 전기 작가 윔스가 쓴 워싱턴 전기에 묘사된 벚꽃나무 사건 때문이다. 신약 성경에는 윤리적인 행동의 원칙들이 풍부하게 등장하는데, 이들은 모두 인간적 관심을 끄는 사례들로 보강되어 있다. 가령, 선한 사마리아인의 이야기가 그런 경우이다.

사건과 관련된 사례는 이야기를 더 쉽게 기억되게 하는 것 외에도 좀 더 재미있고, 설득력 있으며, 이해하기 쉽게 만든다. 당신이 인생살이를 통해 배운 교훈과 관련된 경험은 청중에게 신선하게 받아들여진다. 어떤 의미에서 그들은 당신의 행동 요청에 반응하게 되어 있다고도 볼 수 있다. 여기까지 오면 이제 마법의 공식 두 번째 단계로 진입할 수 있게 된다.

2. 청중에게 바라는 것, 즉 요점을 전달하라

 행동 촉구 연설 시간의 4분의 3 이상이 사례 단계에 할애된다. 당신이 2분간 연설을 한다고 가정하자. 그러면 당신이 원하는 청중의 행동과 그것을 행할 때 그들이 얻을 수 있는 이익을 각인시키는데 약 20초를 쓰게 된다. 세부 묘사가 필요한 단계는 끝났고, 이제는 솔직하고 단도직입적으로 말해야 할 때이다. 그것은 신문기사 작성 방법과 정반대이다. 즉 표제부터 정해 놓는 대신, 뉴스 내용을 먼저 전한 다음 요점이나 행동 요청으로 표제를 다는 식이다. 이 단계에서는 세 가지 규칙을 따라야 한다.

요점을 간결하고 구체적으로 전달하라

 청중이 뭘 해주었으면 좋겠는지 정확하게 전달하라. 사람들은 자신이 명확히 이해하는 일만 하게 마련이다. 반드시 그들이 어떤 행동을 해주기 바라는지 스스로에게 물어보라. 마치 전보 쓰듯 요점을 기록하는 것이 좋다. 말하자면, 낱말의 수를 줄이고 언어를 가능한 분명하고 명백하게 표현하라는 것이다. 이런 식은 안 된다. '우리 지역 고아원의 원아들을 도와주세요.' 이건 너무 두루뭉술하다. 그 대신 이렇게 말하라. '오늘 밤 서명하셔서 다음 주 일요일에 스물다섯 아이들의 소풍 길에 동행해 주십시오.' 눈에 보이는 분명한 행동을 요청하는 것이 중요하다. 정신적인 행동은 너무 모호하다. 예컨대 '이따금 여러분의 조부모님을 생각하십시오.'라는 주문은 행동화되기에는 너무 막연하다. 그 대신 이렇게 말하라. '이번 주말에 꼭 조부모님을 찾아뵈십시오.' 또 '나라 사랑의 마음을 가지십시오.' 같은 말도 '다음 주 화요일에 꼭 투표하십시오.'로 바뀌어야 한다.

청중이 실행하기 쉽게 요점을 전달하라

문제가 어떤 것이든—논란의 여지가 있는 것이든 없는 것이든— 청자가 이해하고 실행하기 쉽게 요점을 표현하고 행동을 요청하는 것은 연사의 책임이다. 이를 위한 가장 좋은 방법 하나가 구체적이 되는 것이다. 청자들이 이름을 잘 기억하게 되기를 바란다면, '지금부터 이름에 대한 기억력을 높이십시오.'라고 말하지 말라. 이것은 너무 막연해서 실행에 옮기기가 어렵다. 그 대신에 이렇게 말하라. '다음에 누군가를 처음 만날 때, 그와 헤어진 후 5분 안에 그의 이름을 다섯 번 반복해 보십시오.'

일반론을 읊어대는 연사보다는 실천 사항을 구체적으로 콕 집어 제시하는 연사가 더 효과적으로 청중의 마음을 움직일 수 있다. 가령 '강의실 뒤쪽에 놓아둔 병문안 카드에 서명해 주십시오.'라고 말하는 것이 입원 중인 같은 반 수강생에게 카드를 보내거나 편지를 쓰라고 권유하는 것보다 훨씬 낫다.

요점을 긍정적으로 표현할 것이냐 부정적으로 할 것이냐의 문제는 그것을 청자의 관점에서 바라보는 방법으로 결정해야 한다. 요점이 부정적으로 표현되었다고 해서 다 효과가 없는 것은 아니다. 특정 태도를 피하라고 주문할 때는 긍정적으로 진술된 호소보다 부정적 표현의 호소가 더 설득력이 있을지 모른다. '전구를 훔치지 마세요.'라는 표현은 몇 년 전 전구 판매를 위한 광고 캠페인에 사용되어 큰 효과를 낸 부정적 표현이었다.

강한 확신을 갖고 요점을 전달하라

요점은 연설 전체의 주제이다. 따라서 강력하게 확신을 갖고 전달해야 한다. 신문의 표제를 블록체로 돋보이게 하듯, 당신의 행동 요청도 생기 있고 힘찬 목소리로 단순명쾌하게 강조해야 한다. 당신은 이제 결정타를 날려 청중에게 강한 인상을 남기려 하고 있다. 그럴 때 당신의 호소에서는 진정성이 느껴져야 한다. 행동을 요청할 때 불확실성이나 망설임의 태도를 보여서는 안 된다. 마지막 말을 내뱉는 순간까지 설득력 있는 태도를 유지해야 하며, 그 상태에서 마법의 공식 3단계로 넘어가게 된다.

3. 행동의 이유나 청중에게 예상되는 이익을 말하라

 여기서도 간결함과 경제성이 필요하다. 이유를 설명하는 단계에서는 청중이 당신이 요청한 행동을 할 경우 기대할 만한 인센티브나 보상을 제시해야 한다.

이유는 반드시 사례와 관련성이 있어야 한다

 대중연설을 통해 동기를 유발하는 방법에 대해서는 많은 글이 쓰였다. 그것은 방대한 주제이며, 남을 설득하여 행동에 나서게 하려는 사람이 관심을 가져야 할 주제이다. 행동을 자극하는 짧은 연설에서는 그저 한두 문장으로 행동에 따른 이익을 강조하고 자리에 앉을 수 있을 뿐이다. 그리고 그것은 반드시 사례 제시 단계에서 언급한 이익과 관계된 것이어야 한다.

 만약 당신이 중고차를 구매하여 돈을 절약한 경험을 이야기하며 사람들에게 중고차를 사라고 권한다면, 이유를 제시하면서 그들 역시 중고차를 살 때 경제적 이익을 얻게 될 것임을 강조해야 한다. 가령, 밑도 끝도 없이 일부 중고차 모델은 최신 모델들보다 스타일이 더 멋지다는 사실을 이유로 내세우면서 앞서 이야기한 사례와의 연계성을 끊어버리면 안 된다.

딱 한 가지 이유만 강조하라

대부분의 세일즈맨들은 우리가 그들의 제품을 사야 하는 이유를 대여섯 가지 제시할 수 있다. 당신 역시 당신의 요점을 뒷받침하는 이유를 몇 가지 댈 수도 있고, 그들 모두는 당신이 이용한 사례와 연관성이 있을지도 모른다. 하지만 여기서도 가장 중요한 한 가지 이유나 이점을 선택하고, 그것을 토대로 주장을 전개하는 것이 가장 좋다. 마지막 말은 잡지의 광고 문구처럼 명쾌하고 선명해야 한다. 그 많은 재능과 아이디어의 소산인 이 광고들을 연구하면 연설의 요점과 이유를 처리하는 기술을 발전시킬 수 있을 것이다. 어떤 광고도 한 번에 하나 이상의 상품이나 아이디어를 팔려고 하지 않는다. 많은 발행부수를 지닌 잡지 속의 광고들도 사야 하는 이유를 하나 이상 나열하는 경우는 극히 드물다. 똑같은 회사라도 가령 텔레비전이나 신문 등의 이용하는 매체에 따라 구매 권유 방법은 다를 수 있지만, 같은 회사가 청각적인 광고든 시각적인 광고든 하나의 광고에서 여러 가지를 호소하는 경우는 거의 없다.

만약 잡지, 신문, 그리고 TV에 나오는 광고를 연구하고 그 내용을 분석한다면, 구매를 권유하는데 마법의 공식이 얼마나 자주 사용되는지를 보고 놀라게 될 것이다. 그것은 일반광고나 상업광고를 한 묶음으로 이어주는 관련성의 끈과 같다.

사례를 보강하는 데는 다른 방법들도 있다. 가령 전시물 이용, 실제 시범, 권위자의 말 인용, 비교, 통계자료 이용 등이 그런 것들이다. 이들은 설득 목적의 비교적 긴 연설을 논하는 <긴 연설 구성하는 법>에서 더 자세히 설명될 것이다. 이 단락에서의 공식은 개인적 사건 유형의 사례로 제한되었다. 왜냐하면 행동을 촉구하는 짧은 연설에서는 그것이 연사가 이용할 수 있는 가장 쉽고 재미있고 극적이고 설득력 있는 방법이기 때문이다.

2 정보를 제공하는 연설

전에 미국 상원 조사위원회 위원들이 짜증으로 몸을 비틀게 만든 연사가 있었다. 아마 당신도 이와 비슷한 연사들의 말을 자주 들어보았을 것이다. 그는 고위급 정부 관료였지만, 의미를 명확히 하지 않은 채 계속 모호한 발언을 이어갔다. 그의 말은 요점이 없고 애매했으며, 시간이 갈수록 위원들은 더욱 혼란을 느꼈다. 마침내 위원 중 한 명인 제임스 어빈 2세가 노스캐롤라이나 출신의 고참 의원으로서 몇 마디 하게 되었는데, 그 말이 참 인상적이었다.

그는 그 관료가 자신이 고향에서 알고 있던 어떤 남편을 떠올리게 한다고 말했다. 그 남편은 자기 변호사에게 아내와의 이혼을 원한다고 말하면서도 그녀가 아름답고 훌륭한 요리사이며 모범적인 엄마임을 인정했다.

"그런데 왜 부인과 이혼하려는 거죠?" 변호사가 물었다.

"쉴 새 없이 말을 하거든요." 남편이 대답했다.

"무슨 말을 하는데요?"

"그게 문제예요. 아내가 절대 말을 안 해줘요."

이것은 많은 연사들의 문제이기도 하다. 청중들은 이들이 도대체 무슨 말을 하는 건지 종잡을 수가 없다. 그들은 절대 말을 안 한다. 결코 자신의 의미를 분명히 하지 않는 것이다.

앞서 언급한 <행동 촉구를 위한 짧은 연설>에서 청중의 행동을 촉구하는 짧은 연설을 하기 위한 공식을 배웠다. 이제는 청자의 행동의지를 자극하는 것이 아닌, 그들에게 정보를 제공할 때 의미를 명확히 하는데 도움이 될 만한 방법을 소개하겠다.

우리는 지시를 내리거나 설명을 하거나 보고를 하는 형태로 하루에도 여러 번 정보를 제공하는 말을 한다. 매주 도처에서 행해지는 온갖 유형의 연설들 중에서 정보 제공 목적의 연설은 설득이나 행동 촉구를 위한 연설 다음으로, 혹은 그에 못지않게 중요하다. 명료하게 말할 수 있는 능력은 사람들을 움직여 행동에 나서게 할 수 있는 능력에 선행되어야 한다. 미국 최고 기업가의 한 사람으로 꼽히는 오웬 D. 영도 현대 세계에서 명확한 표현의 중요성을 강조한다.

남에게 자신을 이해시킬 수 있는 능력이 높아지면, 그만큼 기회의 문도 많이 열린다. 가장 단순한 문제에서조차 함께 협력해야 하는 현대사회에서는 무엇보다 서로를 이해하는 것이 중요하다. 언어는 이해를 위한 주요 매개체이며, 따라서 우리는 그것을 분별 있게 사용할 줄 알아야 한다.

이 단락에서는 청중이 쉽게 알아들을 수 있도록 언어를 명확하고 분별 있게 사용하는 몇 가지 방법을 소개한다. 철학자 루트비히 비트겐슈타인은 이렇게 말했다. "생각할 수 있는 것이면 무엇이든 명확하게 생각할 수 있으며, 말로 표현할 수 있는 것은 무엇이든 명확하게 표현할 수 있다."

1 주제를 주어진 시간에 맞추어라

 교사들 앞에서 행한 한 연설에서 윌리엄 제임스 교수는 한 번의 강의에 한 가지 요점만 전달할 수 있다고 말했다. 그리고 그가 말한 강의는 한 시간짜리 강의였다. 하지만 최근에 나는 연설 시간이 3분으로 제한된 한 연사가 11가지 사항을 말씀드리겠다며 시작하는 것을 보았다. 그럼 하나당 16.5초밖에 시간이 없다는 말이다. 생각이 있는 사람이 그렇게 무리한 일을 시도하다니 도대체 믿기지가 않는다. 이것은 분명 극단적인 사례이다.

 하지만 정도 차이일 뿐, 거의 모든 초보 연설가들이 이런 식의 실수를 저지른다. 그것은 마치 여행안내원이 관광객에게 단 하루 동안 파리의 모든 것을 보여주겠다고 공언하는 것과 같다. 물론 미국의 자연사박물관을 휙휙 걸으면서 죽 훑어보는 식이라면 못할 것도 없을 것이다. 하지만 이런 식으로는 명확한 이해도 즐거움도 얻을 수 없다. 많은 연설이 안개 속을 헤매는 듯한 느낌을 주는 것은, 연사가 할당된 시간에 얼마나 많은 논점을 다루느냐를 가지고 세계 기록을 세우는데 혈안이 되어 있는 듯 보이기 때문이다. 그는 날쌔고 잽싼 산양처럼 이 논점에서 저 논점으로 껑충껑충 널을 뛴다.

예컨대, 노동조합에 대해 연설을 할 경우에는 그것이 왜 생겨났으며 어떤 전술을 사용하며 어떤 유익한 일을 했고 어떤 문제를 일으켰으며 쟁의를 어떻게 해결하는지 등을 3분이나 6분 안에 다 풀어놓으려 하면 안 된다. 만약 그랬다간 그 누구도 당신이 한 말을 제대로 소화하지 못할 것이다. 그저 너무 혼란스럽고 흐릿하고 대충 윤곽만 잡는 피상적인 설명이 되기 십상이다.

그럴 바엔 차라리 노동조합의 한 가지 측면만 선택해서 그것을 충분히 다루고 설명하는 것이 현명하지 않을까? 그렇다. 이런 종류의 연설은 단 하나의 인상만을 남긴다. 그것은 명쾌하며 듣기도 쉽고 기억하기도 쉽다.

어느 날 아침 내가 아는 회사 사장을 만나러 갔다가 그의 사무실 문 앞에 낯선 이름이 붙어 있는 것을 보았다. 나의 오랜 친구인 인사부장이 그 이유를 말해 주었다.

"그 양반 결국 자기 이름 때문에 발목이 잡혔지." 친구가 말했다.

"이름이라고?" 내가 물었다.

"그 양반이 회사를 지배하는 존스 일가 중 한 명 아니었나?"

"내가 말하는 건 그의 별명이야." 친구가 답했다.

"바로 '지금 어디 계신가'였지. 모든 직원이 그를 '지금 어디 계신가' 존스라고 불렀어. 그는 오래 버티지 못했지. 집안에서 사장 자리에 사촌을 대신 앉히기로 했거든. 그 양반은 회사 일에 대해서는 전혀 신경을 쓰지 않는 사람이었어. 하루 종일 사장 자리에 앉아 있는 건 좋아. 하지만 뭘 하면서? 그저 사방을 돌아다니며 이리 기웃, 저리 기웃할 뿐이었지. 말하자면 일종의 시찰이었어. 그에게는 대규모 판촉 캠페인을 연구하는 것보다 배송직원이 전등을 껐는지, 혹은 속기사가 종이 클립을 주웠는지 등을 살피는 문제가 더 중요했지. 사무실에도 오래 붙어 있지 않았어. 그래서 그를 '지금 어디 계신가'로 부르게 되었지."

'지금 어디 계신가' 존스 씨는 지금보다 훨씬 더 잘할 수 있는 많은 연사들을 생각나게 한다. 그들이 더 잘하지 못하는 것은 절제력이 부족하기 때문이다. 그들은 존스 씨처럼 이것저것 너무 많이 참견하려는 사람들이다. 이런 사람의 연설을 들어본 적 있는가? 그리고 그가 말을 하는 도중에 '저 사람 도대체 뭐라고 지껄이는 거야?'라며 의아해한 적은 없는가?

심지어는 일부 경험 많은 연사들조차 이런 실수를 저지른다. 아마 여러 가지로 할 수 있는 것이 많다 보니까 산만해질 때 따르는 위험을 제대로 보지 못하는 것인지 모른다. 당신은 그들처럼 되어선 안 된다. 핵심 주제를 계속 고수하라. 청중의 입에서 항상 이런 말이 나오게 하라.

"저 사람이 하는 말 이해 돼. 그가 지금 무슨 말을 하는지 알겠어."

2 생각을 질서 있게 배열하라

 거의 모든 주제는 시간, 공간, 또는 특별한 화제를 기초로 논리적인 순서에 따라 전개할 수 있다. 예컨대, 시간의 경우에는 주제를 과거, 현재, 미래의 세 범주로 나누거나, 특정 날짜를 기준으로 그 뒤로 또는 앞으로 이동할 수도 있다. 가령, 제조 공정에 대한 이야기는 원료 단계에서 시작하여 완제품을 생산하기까지의 다양한 제조 단계를 따라 이동하는 식이다. 물론 얼마나 자세해질 수 있느냐는 주어진 시간에 따라 달라질 것이다.

 공간의 경우에는 어떤 핵심 요점에 따라 생각을 배열한 다음 거기서부터 바깥쪽으로 움직이거나, 이야기의 소재를 동서남북 방향으로 전개시킨다. 가령 워싱턴 D. C.를 설명할 경우, 먼저 청중들을 국회의사당 꼭대기로 데려간 후 각 방향의 주요 지점들을 설명하는 식이다. 제트 엔진이나 자동차를 이야기할 때는 그것을 부품별로 분해하여 설명하는 것이 가장 좋을 것이다.

 순서가 이미 정해져 있는 주제도 있다. 가령 미국의 정부 구조를 설명한다고 할 경우에는 그것이 지닌 고유의 조직 패턴을 따라 입법부, 행정부, 사법부로 나누어 소개하는 것이 좋을 것이다.

3 요점을 차례대로 열거하라

이야기가 아주 질서정연하게 정돈되어 있다는 느낌을 줄 수 있는 가장 간단한 방법 중 하나는 요점을 제시할 때마다 그 순서를 알리는 것이다.

가령 '첫 번째 요점은 이것입니다……' 식으로 단도직입적으로 말할 수 있다. 그 요점을 전하면서 곧 두 번째 요점으로 넘어간다는 사실을 솔직하게 밝히기도 한다. 그런 식으로 끝까지 갈 수 있다.

랠프 J. 번치 박사는 UN 사무차장보로 있을 때 뉴욕 로체스터시티클럽이 주관한 중요한 연설을 이렇게 단도직입적으로 시작했다.

"저는 오늘 밤 두 가지 이유로 '인간관계의 도전'이라는 주제를 선택했습니다." 그리고 곧바로 이렇게 덧붙였다.

"첫째, …… 둘째로는……."

연설 내내 그는 주도면밀하게 청중에게 자신이 요점별로 이야기를 전개하며 결론―"우리는 결코 선을 행할 수 있는 인간의 잠재력에 대한 신뢰를 잊지 말아야 합니다."―으로 나아가고 있다는 점을 분명히 이해하게 했다.

경제학자 폴 H. 더글러스도 경기침체 당시 경제를 활성화할 수단을 강구하던 의회 공동위원회 앞에서 연설했을 때, 똑같은 방법을 효과적으로 변형시켰다. 그는 납세 전문가이자 일리노이 주 상원의원 자격으로 연설했으며, 이렇게 말문을 열었다.

"저의 주제는 이것입니다. 중하위 소득 계층, 즉 대체로 소득을 거의 다 소비하는 계층의 세금을 줄여주는 것이 가장 빠르고 효과적인 방법이라는 것입니다."

"특별히……." 그는 계속했다.

"더욱이……."

"게다가……."

"세 가지 주요 이유가 있습니다. 첫째, …… 둘째, …… 셋째, ……."

"요약하면, 우리에게 필요한 조치는 수요와 구매력 증대를 위해 중하위층의 세금을 즉시 낮추는 것입니다."

4. 낯선 것을 익숙한 것과 비교하라

 의미를 명확히 전달하려 해보지만 그게 잘 안 돼 당황할 때가 있을 것이다. 당신에게는 지극히 명백한 사실이라도 청중에게는 생소할 수 있으므로, 그들을 쉽게 이해시키려면 세심한 설명이 필요하다. 어떻게 해야 할까? 그것을 청자들이 잘 알고 있는 어떤 것과 비교하는 것이다. 어떤 것이 다른 어떤 것과 비슷하다고 말하라. 낯선 것을 익숙한 것과 견주는 것이다.

 화학이 산업에 끼친 공헌 중 하나인 촉매제에 대해 설명한다고 하자. 그것은 다른 물질은 변하게 하면서도 그 자체는 변하지 않는 물질이다. 이건 아주 간단한 말이다. 하지만 이런 식이 더 낫지 않을까? '촉매제는 학교 운동장에서 한 악동이 다른 아이들의 발을 걸어 넘어뜨리고 쿡쿡 찌르고 괴롭히고 때리면서도 자기는 한 대도 얻어맞지 않는 것과 같다.'

 예전에 일부 선교사들이 성경을 적도 아프리카에 사는 한 부족의 언어로 번역할 때, 낯선 표현을 익숙한 언어로 표현해야 하는 문제와 맞닥뜨렸다. 그냥 문자 그대로 번역해야 할까? 만약 그랬다간 그 말이 원주민들에게는 무의미한 말이 될 수도 있었다.

가령 이런 구절이 그렇다. '너희 죄가 주홍같이 붉을지라도 눈같이 희게 되리라.' 이것을 문자 그대로 옮겨야 할까? 원주민들은 눈과 정글의 이끼를 구별하지 못했다. 하지만 그들은 종종 코코넛 나무 위로 올라가 가지를 흔들어 그 열매를 떨어뜨렸고, 그것으로 점심을 해결했다. 선교사들은 미지의 것을 알려진 것에 비유했다. 그래서 그 구절을 이렇게 바꾸었다. '너희 죄가 주홍같이 붉을지라도 코코넛 속살처럼 희게 되리라.'

그런 환경에서는 이보다 더 훌륭하게 번역할 수는 없을 것이다. 그렇지 않은가?

사실을 그림으로 바꾸어라

달은 얼마나 멀리 떨어져 있을까? 해는? 가장 가까운 다른 별은? 과학자들은 우주여행과 관련된 질문에 많은 수치를 동원하여 답하는 경향이 있다. 그러나 과학 분야 강연자나 작가들은 그런 식으로는 평범한 사람들에게 사실을 명확히 이해시킬 수 없다는 사실을 알고 있다. 그래서 그들은 숫자를 그림으로 바꿔 표현한다.

유명한 과학자 제임스 진스 경은 인류의 우주탐험 욕구에 특히 관심이 많았다. 과학 전문가로서 그는 우주와 관련된 수학적 사실들을 알고 있었지만, 동시에 말을 하거나 글을 쓸 때 숫자는 가끔씩만 사용하는 것이 가장 효과적이라는 것도 알고 있었다.

그는 자신의 책 《우리를 둘러싼 우주 *The Universe Around Us*》에서 태양(별)과 지구 주변의 행성들은 너무 가까이 있기 때문에 우주공간을 떠도는 다른 별들이 얼마나 멀리 떨어져 있는지는 실감하기가 쉽지 않다고 지적했다. 그는 "가장 가까운 별(프록시마 센타우리)도 25,000,000,000,000마일이나 떨어져 있다."고 말했다. 그리고 이 숫자를 피부에 더 와 닿게 하기 위해 만약 우리가 광속의 속도—초당 186,000마일—로 지구에서 출발할 경우 프록시마 센타우리에 도달하는 데는 4년 3개월이 걸릴 거라고 설명했다.

이런 식으로 그는 우주에 떠 있는 별들까지의 까마득한 거리를 더 쉽게 가늠할 수 있게 했다. 반면 어떤 연사는 알래스카의 크기 같은 간단한 것을 설명할 때도 그냥 알래스카의 면적은 590,804제곱마일이라고만 밝혔을 뿐, 그것을 더 현실감 있게 알려주려는 노력은 하지 않았다. 과연 이 숫자만 가지고 알래스카의 크기가 어느 정도인지 가늠할 수 있겠는가? 나는 가늠할 수 없었다. 그래서 다른 소스로부터 알래스카의 면적이 버몬트, 뉴햄프셔, 메인, 매사추세츠, 로드아일랜드, 코네티

컷, 뉴욕, 뉴저지, 펜실베이니아, 델라웨어, 메릴랜드, 웨스트버지니아, 노스캐롤라이나, 사우스캐롤라이나, 조지아, 플로리다, 테네시, 그리고 미시시피를 합한 것보다 더 크다는 사실을 알고 나서야 그 크기를 시각적으로 상상해 볼 수 있었다. 이제야 비로소 590,804제곱마일이 새로운 의미로 다가온다. 그렇지 않은가? 이렇게 그림을 그려볼 수 있어야 알래스카가 굉장히 넓은 땅이라는 것을 실감하게 된다.

몇 년 전에 우리 수강생 한 명이 고속도로에서 발생하는 사고로 인한 희생자 수를 무시무시한 그림을 보여주듯 설명해 준 적이 있다.

"여러분이 뉴욕에서 로스앤젤레스까지 차를 몰고 대륙을 횡단한다고 치죠. 고속도로 표지판 대신 땅 위에 똑바로 서 있는 관을 상상해 보십시오. 그리고 각 관에는 작년에 길 위에서 사망한 희생자의 시신이 들어 있습니다. 그 도로를 달릴 때 여러분의 차는 5초마다 이 섬뜩한 표지판을 하나씩 지나치게 됩니다. 왜냐하면 그 관들은 대륙의 이쪽 끝에서 저쪽 끝까지 1마일에 12개씩 세워져 있으니까요."

그 수강생의 말을 들은 후로는 차를 타고 그리 멀리 가지 않아도 그 그림이 놀라울 정도로 현실감 있게 눈

앞에 어른거린다. 왜 그럴까? 귀로만 듣는 인상은 오래 남지 않기 때문이다. 그것은 너도밤나무의 매끄러운 나무껍질을 때려대는 진눈깨비처럼 이내 부서지거나 튕겨나가 없어진다. 하지만 눈으로 받는 인상은 어떨까? 몇 년 전, 나는 다뉴브의 강둑에 서 있는 오래된 집에 단단히 박혀 있던 포탄을 본 적이 있다. 그것은 나폴레옹의 포병대가 울름 전투 때 쏜 포탄이었다. 시각적인 인상은 바로 그 포탄과 같다. 그것은 굉장한 힘으로 날아와 우리의 뇌리에 박혀 그 자리에 영원히 붙박인다. 그렇게 박힌 인상은 보나파르트가 오스트리아군을 몰아낸 것처럼 그와 반대되는 암시를 밀어내는 경향이 있다.

전문용어를 피하라

만약 당신의 직업이 전문직이라면-변호사, 의사, 엔지니어, 또는 고도로 전문화된 업무 분야 등-그 분야를 잘 모르는 사람들을 상대할 경우 두 배로 더 신경을 써서 쉬운 언어로 표현하고 필요한 내용을 자세히 설명해야 한다.

두 배로 신경을 쓰라는 것은, 내가 직업상 바로 이 부분에서 아주 비참하게 실패한 연설을 수백 번이나 들었기 때문이다. 연사들은 그들의 전문 분야에 대해 일반인은 아예 까막눈이란 사실을 전혀 의식하지 않는 듯했다. 이럴 때 어떤 일이 일어날까? 그들은 자신의 생각이나 경험과 관련된 표현을 동원하여 자신에게만 의미 있는 말들을 되는 대로 지껄여댄다. 그러나 배경 지식이 없는 일반인에게 그들의 말은 마치 새로 갈아엎은 아이오와와 캔자스의 옥수수밭이 6월의 장대비에 난타당한 뒤의 미주리 강물만큼이나 희뿌옇게 다가올 뿐이다. 그럼 이런 연사는 어찌해야 할까? 바로 인디애나 주의 전 상원의원인 비버리지의 다음 충고를 귀담아 들어야 한다.

청중들 중 가장 우둔해 보이는 사람을 택해 그가 내 주장에 흥미를 느끼게 해보는 것이 좋은 연습이 될 수 있다. 이것은 사실에 대한 명확한 진술과 명쾌한 논증에 의해서만 가능하다. 이보다 훨씬 좋은 방법은 부모와 함께 있는 어린아이의 수준에 맞추는 것이다.
스스로에게-그리고 원한다면 청중에게 큰 소리로- 이렇게 말하라. "나는 어린애도 이해하고 기억할 수 있을 정도의, 그래서 강연이 끝난 후 이 아이가 자신이 들은 내용을 설명할 수 있을 정도로 그렇게 알아듣기 쉽게 말하겠노라."고.

나는 이 강좌의 수강생이던 한 의사가 연설 중에 "횡격막 호흡은 장의 연동 운동에 매우 유익하며 건강에도 좋다."고 말하는 것을 들은 적이 있다. 그는 이 부분을 그 한 문장으로 대충 처리하고 다음 주제로 넘어가고자 했다. 그래서 강사는 의사의 연설을 중단시킨 후 횡격막 호흡이 다른 호흡법과 어떻게 다르며, 왜 그것이 특별히 건강에 유익한지, 그리고 연동 운동이 무엇인지 등을 확실히 아는 사람들의 손을 들어보게 할 것을 요청했다. 손을 든 사람들이 거의 없는 것에 놀란 의사는 다시 처음으로 돌아가 다음과 같이 보충설명을 했다.

횡격막은 가슴 아래쪽을 형성하는 얇은 근육으로 폐의 바닥과 복강의 천장 부위에 위치하고 있습니다. 활동을 하지 않고 가슴호흡 중일 때는 뒤집어놓은 세숫대야처럼 구부러진 모습입니다.

배로 호흡할 경우 이 활 모양의 근육은 숨을 쉴 때마다 아래로 밀려 내려가 거의 평평해지며, 이때 배 근육이 허리띠를 압박하는 것을 느낄 수 있습니다. 이렇게 아래쪽으로 가해지는 횡격막의 압력은 복강 위쪽에 위치한 기관들, 즉 위, 간, 췌장, 비장, 태양신경총(명치) 등을 마사지하고 자극하게 됩니다.

다시 숨을 내쉴 때 위와 내장은 횡격막 쪽으로 밀려 올라가면서 또다시 마사지를 받습니다. 이런 마사지는 배설 작용을 도와줍니다.

건강 악화는 대부분 내장에 원인이 있습니다. 깊은 횡격막 호흡을 통해 위와 내장이 적절한 자극을 받으면 소화불량, 변비, 자가 중독 등의 문제는 대부분 사라지게 될 것입니다.

내용이 무엇이든 설명을 할 때는 언제나 단순한 것에서 복잡한 것으로 옮겨가는 방법이 가장 좋다. 예컨대, 당신이 주부들에게 냉장고의 성에를 제거해야 하는 이유를 설명한다고 하자. 이때 다음과 같이 하는 것은 좋지 않은 방식이다.

냉장의 원리는 증발기가 냉장고의 내부에서 열을 빼낸다는 사실에 기초하고 있습니다. 열이 흡수되면서 습기가 증발기에 달라붙어 성에가 두껍게 쌓이면, 이것이 증발기를 절연시키고 모터를 더 자주 작동시키게 됩니다.

연사가 주부들이 잘 알고 있는 것에 비유하면서 시작할 경우 이해하기가 얼마나 더 쉬워지는지 확인해 보라.

냉장고에서 육류 얼리는 곳이 어디인지 알고 계실 겁니다. 그리고 그 냉동실에 성에가 낀다는 것도 알고 계실 겁니다. 매일 성에는 점점 더 두꺼워집니다. 그러다가 어느 시점에서는 그것을 제거해 줘야 냉장고가 제대로 돌아가게 되지요. 냉동실의 성에는 우리가 잠잘 때 덮고 자는 담요나, 아니면 집의 벽 사이에 집어넣는 단열재와 같습니다. 성에가 두꺼워질수록 냉동실이 냉장고의 다른 부분에서 따뜻한 공기를 빨아들여 냉장고를 차게 유지하기가 더 어려워집니다. 그러면 냉장고를 차갑게 유지하기 위해 냉장고 모터가 더 자주 더 오래 작동해야 합니다. 하지만 냉장고에 자동 성에제거 장치가 있으면 절대 성에가 두껍게 쌓일 일은 없지요. 따라서 모터도 그리 자주 돌아갈 필요가 없어지고, 돌아간다 해도 그 시간이 더 짧아집니다.

아리스토텔레스는 이 문제와 관련해서 좋은 충고를 남겼다. "생각은 현자처럼 하고, 말은 보통사람처럼 하라." 만약 전문용어를 사용해야 한다면, 그 전에 먼저 설명을 통해 모든 청중이 그 의미를 이해하도록 하라. 이것은 특히 되풀이 언급해야 하는 핵심 용어의 경우에 그렇다.

전에 한 주식중개인이 기본적인 금융 및 투자 기법을 배우려는 여성들 앞에서 강연하는 것을 들은 적이 있다. 그는 평이한 언어를 사용하여 마치 대화하듯 쉽게 설명했다. 그렇게 모든 것을 명쾌하게 설명했지만, 자주 쓰는 기본용어만은 청중에게 낯설게 들렸다. 가령 '어음교환소' '해약 특권부 거래' '모기지 변제' '공매와 현물 매매' 등이 그런 것들이었다. 그는 자신이 일하는 분야에서 쓰이는 기본용어가 청중에게는 생소할 수 있다는 사실을 깨닫지 못했기에 참 재미있을 수도 있었을 강연이 아리송한 수수께끼가 되어버렸다.

보통사람에게 생경하게 들릴 핵심용어를 피할 이유는 없다. 단, 그것을 사용하게 되면 즉시 설명을 덧붙여라. 절대 이 과정을 생략해서는 안 된다. 사전은 뒀다 어디에 쓸 건가?

노래광고(CM송)에 대해 말하고 싶은가? 또는 충동구매에 대해? 교양과목 강좌나 원가 회계에 관해? 정부 보조금에 대해? 아니면 자녀에 대한 허용적인 태도나, 재고자산의 가격을 결정하는 방법으로 후입선출법(LIFO)을 옹호하고 싶은가? 무엇을 설명하든 청자가 이런 전문 분야의 핵심용어들을 당신이 이해하는 바와 똑같이 이해할 수 있게 하라.

5. 시각자료를 이용하라

 눈에서 뇌로 연결된 신경들은 귀로 연결되어 있는 것보다 여러 배 더 크다. 인간은 귀로 들리는 것보다 눈에 보이는 것에 25배나 더 집중한다는 것이 과학이 밝히는 내용이다. '한 번 보는 것이 백 번 듣는 것보다 낫다.' 라는 말도 있지 않은가.

 따라서 의미를 명확히 전달하려면 요점을 머리에 그리며 생각을 시각화하라. 이것이 내셔널 캐시 레지스터 사의 설립자 존 H. 패터슨의 계획이기도 했다. 그는 <시스템 매거진>에 자신이 직원과 영업사원들에게 말할 때 사용한 방법들을 설명하는 글을 기고했다.

 자신의 말을 이해시키고 청중의 관심을 사로잡기 위해서는 연설에만 의지해서는 안 된다고 생각한다. 어떤 극적인 보충자료가 필요하다. 가능하면 옳은 방법과 그른 방법을 보여주는 그림으로 연설을 보강하는 것이 더 좋다. 말로만 하는 것보다는 도표가 더 설득력 있고, 도표보다는 그림이 더 설득력 있다. 어떤 주제를 제시하는 이상적인 방법은 각 부분이 그림으로 표현되고, 말은 단지 그들을 연결시키기 위한 용도로만 사용하는 것이다.

나는 일찌감치 사람을 상대할 때는 어떤 말보다도 그림이 더 효과적이라는 사실을 깨달았다.

차트나 도표를 이용할 때는 잘 보이도록 충분히 크게 만들어라. 그러나 좋은 것도 지나치면 독이 된다. 도표만 계속 보여주면 청중이 지루해하기 쉽다. 도표를 그리면서 설명할 때는 칠판이나 플립차트에 개략적으로 빨리 스케치하라. 청중은 위대한 예술작품에는 관심 없다. 약어를 사용하고 크고 알기 쉽게 써라. 그림을 그리거나 글을 쓰면서 계속 말을 하고, 그동안 계속 청중 쪽을 돌아보라.

전시물을 이용할 경우 아래의 제안을 따르면 틀림없이 청중의 주의를 몽땅 끌어올 수 있을 것이다.

1. 사용할 준비가 되기 전까지는 전시물을 눈에 띄지 않게 하라.
2. 맨 뒷줄에서도 볼 수 있도록 큰 전시물을 이용하라. 눈에 보이지도 않는 전시물에서 뭘 배울 수 있겠는가?
3. 말하는 동안 절대 전시물을 청중들 사이로 돌리지 말라. 왜 경쟁을 유도하는가?

4. 전시물을 보여줄 때는 청중이 볼 수 있도록 높이 들어 올려라.
5. 움직이는 전시물 한 개는 그렇지 않은 전시물 열 개의 가치가 있다는 사실을 기억하라. 가능하면 그것을 활용하라.
6. 말하면서 전시물을 쳐다보지 말라. 당신이 소통해야 할 대상은 전시물이 아니라 청중이다.
7. 전시물 이용이 끝났을 경우에는 가능하면 보이지 않는 곳에 치워놓아라.
8. 이용하려는 전시물이 호기심을 유발하는 효과를 줄 수 있다면, 말하는 동안 옆에 있는 테이블 위에 놓아라. 그리고 뭔가로 덮어둬라. 말하는 동안 그것을 언급하면서 호기심을 자아내되 그것이 무엇인지는 밝히지 마라. 그것을 공개할 준비가 될 때쯤에 청중은 호기심, 긴장감, 굉장한 관심으로 잔뜩 몸이 달아 있을 것이다.

시각자료는 명확성을 높이는 장치로써 그 중요성이 점점 높아지고 있다. 청중에게 당신의 말을 확실히 이해시키기 위해 그들에게 말을 하는 것은 물론, 관련 자료를 보여줄 준비를 하고 나타나는 것 이상으로 더 좋은 방법은 없다.

 언변의 달인이었던 미국의 두 대통령은, 명확하게 전달할 수 있는 능력은 훈련과 교육의 결과임을 지적했다. 링컨 말대로 우리는 명확성에 대한 열정을 지녀야 한다. 그는 녹스 대학 총장인 걸리버에게 자신이 청년 시절에 어떻게 이 '열정'을 키웠는지 털어놓았다.

 아주 어린 꼬마였을 때부터 저는 누군가가 알아듣기 어렵게 말을 하면 짜증을 내곤 했었어요. 살면서 그것 말고 다른 이유로 화를 냈던 적은 없었던 것 같습니다. 그때도 그랬지만 지금도 이런 경우를 당하면 항상 화가 납니다. 어렸을 적, 이웃들이 제 아버지와 나눈 이야기를 듣고 난 후에는 제 작은 방으로 들어가 한참을 끙끙대며 그 어른들이 한 말이 정확히 무슨 뜻이었는지 알아내려고 했지요. 이렇게 뭔가 궁금한 게 생기면 그것이 풀릴 때까지 뜬눈으로 밤을 지새웠습니다. 그리고 고민하던 문제가 해결됐다 해도 그것을 계속 다듬고 다듬어서 내가 아는 어떤 아이라도 알아들을 수 있을 정도의 쉬운 말로 표현할 수 있게 될 때까지 만족하지 않았죠. 저에게 그것은 일종의 열정이었고, 이후로도 식어본 적이 없습니다.

다른 유명한 대통령 우드로 윌슨도 이 단락의 마무리를 장식하기에 충분한 충고 몇 마디를 남겼다.

제 아버지는 지적인 에너지가 굉장히 강한 분이셨어요. 나의 최고 교육은 바로 그분에게서 비롯된 것이지요. 아버지는 모호한 표현을 용납하지 않으셨어요. 내가 글을 쓰기 시작했던 때부터 1903년에 아버지가 81세로 타계하실 때까지 나는 내가 쓴 글을 모두 아버지에게 가져갔습니다.

그러면 아버지는 큰 소리로 읽게 하시곤 했는데, 그것은 내게 늘 괴로운 일이었죠. 그리고 이따금 저를 제지시키고는 물으셨어요.

"그게 무슨 뜻이냐?" 저는 대답했고 물론 그 과정에서 애초에 썼던 것보다 더 간결하게 표현할 수 있었지요.

"왜 애초에 그렇게 말하지 않았니?" 아버지의 말씀이 이어졌습니다. "네 의미를 산탄으로 쏘아 맞추려 해선 안 된다. 그러면 온갖 잡것들을 다 맞추게 되지. 네가 말하려는 것은 소총으로 정조준하여 맞춰야 한다."

3 설득 목적의 연설

전에 소그룹의 남녀가 예기치 않게 허리케인을 만난 적이 있다. 진짜 허리케인은 아니었지만, 거의 허리케인에 가까운 것이었다. 바로 모리스 골드블랫이라는 이름의 허리케인 같은 남자를 두고 하는 말이다. 그들 중 한 사람이 당시 상황을 이렇게 전했다.

우리는 시카고에서 오찬 테이블에 앉아 있었다. 모두 이 사람이 꽤 유명한 연사라고 알고 있었다. 우리는 그가 연설을 위해 자리에서 일어나는 모습을 유심히 지켜보았다.

깔끔하고 상냥한 중년 남자였다. 그는 자신을 초대해 주어서 고맙다며 조용히 시작했고, 뭔가 진지한 이야기를 하고 싶다며 혹시 불편하더라도 이해해 주기 바란다고 말했다.

그 다음 순간, 그는 갑자기 회오리바람으로 돌변했다. 그는 몸을 앞으로 굽히며 눈으로 우리를 찌를 듯이 쏘아

보았다. 목소리를 높이지는 않았지만, 나한테는 징을 치는 소리처럼 들렸다.

그가 말했다. "주변을 보세요. 서로를 쳐다보세요. 지금 이 방 안에 계신 분들 중 몇 명이나 암으로 사망하게 될지 아십니까? 45세가 넘은 분들 중 네 명에 한 명꼴입니다. 네 명 중 한 명이요."

그는 잠시 멈추었고, 얼굴이 밝아졌다. "이건 분명하고도 가혹한 사실입니다. 하지만 언제까지나 그럴 필요는 없지요. 이 문제를 해결하기 위해 뭔가를 할 수 있습니다. 이 뭔가는 암 치료와 원인 규명을 위한 연구의 발전입니다."

그는 근엄한 눈빛으로 우리를 둘러본 후 물었다. "여러분은 이 발전을 위해 힘을 보탤 의향이 있으십니까?"

그 자리에 있던 사람들의 마음속에서 "예!" 외에 다른 대답이 나올 수 있었을까? 물론 나는 그런 일에 한몫을 할 마음이 있었고, 다른 사람들도 마찬가지였음을 나중에 확인했다.

1분도 안 되는 시간에 모리스 골드블랫 씨는 우리의 마음을 얻었다. 그는 우리 모두를 자신의 주제로 끌어들였고, 그가 인도적인 대의를 위해 전개하고 있던 캠페인에 우리를 동참시켰다.

 언제 어디서나 모든 연사의 목표는 호의적인 반응을 이끌어내는 것이다. 그리고 골드블랫 씨는 우리에게 그런 반응을 얻고 싶어 할 만한 지극히 타당한 이유를 갖고 있었다. 그와 그의 동생 네이선은 거의 무일푼으로 시작하여 1년 매출이 1억 달러가 넘는 백화점 체인을 설립했다. 그것은 오랜 세월 각고의 노력 끝에 찾아온 찬란한 성공이었다. 그러나 네이선은 짧은 시간 병을 앓다가 암으로 사망했다. 이 사건 이후 모리스 골드블랫 씨는 골드블랫 재단을 통해 시카고 대학의 암 연구 프로그램에 처음으로 100만 달러를 기부했다. 그리고 사업에서 손을 떼고 암에 대한 대중의 관심을 일깨우는 일에 자신의 시간을 바쳤다.

 이런 사실들이 모리스 골드블랫 씨의 인격과 함께 우리의 마음을 끌어당겼다. 성실함, 진지함, 열정—오랜 기간 위대한 대의를 위해 자신을 내던졌던 것처럼 잠시 동안 우리에게 보여준 불같은 의지— 등의 모든 요소들이 우리를 감동시켜 연사와 한 마음이 되고 친근감을 느끼며 관심을 갖고 행동하겠다는 의지를 다잡게 했다.

1. 먼저 신뢰를 얻어라

로마의 수사학자이자 웅변가인 퀸틸리아누스는 웅변가를 '화술이 뛰어난 좋은 사람'이라고 묘사했다. 그는 연사의 진정성과 인격을 말하는 것이었다. 지금까지 이 책에서 말한 어떤 것도, 그리고 앞으로 말할 어떤 것도 효과적인 연설을 위한 이 필수 요건을 대신할 수는 없다. 미국의 금융가 피어폰트 모건은 인격이야말로 신뢰를 얻을 수 있는 최상의 방법이라고 말했다. 또 그것은 청중의 신뢰를 얻는 가장 좋은 방법이기도 하다.

미국의 비평가이자 기자인 알렉산더 울코트는 이렇게 말했다.

"사람이 말을 할 때 보여주는 진정성은 그의 목소리에 어떤 위증자도 꾸며낼 수 없는 진실의 색깔이 배어들게 한다."

특히 연설의 목적이 설득하는 것일 때, 진정한 확신에서 나오는 내면의 열정으로 자신의 생각을 피력해야 한다. 남을 확신시키려면 그 전에 먼저 내가 확신을 가져야 하는 것이다.

2. 긍정의 반응을 얻어내라

노스웨스턴 대학의 전 총장이던 월터 딘 스콧은 "마음속에 들어오는 모든 생각, 개념, 또는 결론은 그와 모순되는 생각의 방해를 받지 않는 한 진실로 받아들여진다."고 말했다. 결국 관건은 청중의 마음이 긍정의 상태에 머물게 하는 것이다. 내 친구인 해리 오버스트리트 교수는 뉴욕의 신사회연구원(New School for Social Research)에서 행한 강연에서 이 개념의 심리학적인 배경을 아주 잘 설명했다.

노련한 연사는 처음부터 여러 차례의 긍정 반응을 이끌어냅니다. 이런 식으로 그는 청중의 심리적인 흐름을 긍정적인 방향으로 조종해 가지요. 그것은 당구공의 움직임과 비슷합니다. 공을 한 방향으로 쳐 보내면 그것이 방향을 바꾸게 하는데 얼마간의 힘이 필요합니다. 그리고 다시 반대 방향으로 되돌아오게 하는 데는 훨씬 많은 힘이 가해져야 하지요.

여기서의 심리적 패턴은 아주 명백합니다. 사람이 '아니요.' 라고 말하고 또 그것이 진심이라면, 그는 단순히 그 말을 토해내는 것 이상의 큰일을 하는 것입니다. 그의 내분비선, 신경, 근육 등 몸 전체가 하나가 되어 거부 모드로 돌입합니다. 보통 아주 미세하지만 간혹 눈에 띨 정도로 신체적인 위축이나 위축의 조짐이 나타납니다. 말하자면 그의 전 신경근육 체계가 수용을 경계하는 태도를 취하는 것이지요. 반대로 사람이 '예.'라고 답할 때는 이런 위축 활동이 전혀 일어나지 않습니다. 몸 전체의 조직이 앞으로 움직이며 수용적이고 열린 자세를 취합니다. 따라서 처음에 긍정의 반응을 더 많이 이끌어낼수록 청중이 우리의 최종적인 제안에 마음을 열 가능성도 그만큼 높아지게 됩니다.

긍정적인 반응을 유도하기 위한 테크닉은 사실 아주 단순하지만 너무 하찮게 취급되고 있습니다. 처음부터 적대적으로 나가면 남들 눈에 자기가 얕잡아봐선 안 될 대단한 인물로 인식될 수 있다고 착각하는 사람들이 있는 것 같습니다. 급진주의자는 보수주의자들과 한 자리에 모이면 이내 그들의 화를 돋웁니다. 그렇게 해서 뭘 얻을 수 있을까요? 만약 그런 행동이 단지 자신만의 즐거움을 위한 것이라면, 뭐 그냥 그러려니 하고 넘어갈 수도 있겠지요. 그러나 그런 식으로 뭘 얻어내길 기대한다면, 그는 심리적으로 어리석은 인간이 될 뿐입니다.

처음에 학생이나 고객, 어린아이, 남편, 아내 등 그가 누구든 상대에게 일단 '아니요.'라고 말하게 해놓고, 그

부정적인 대답을 다시 '예.'의 응답으로 뒤집게 하는 데는 그야말로 천사의 지혜와 인내가 필요하게 됩니다.

그러면 어떻게 처음부터 긍정의 반응을 얻어낼 수 있을까? 아주 간단하다. 링컨은 "내가 논쟁에서 이기는 방법은 먼저 공통의 합의점을 찾아내는 것"이라며 자신의 비법을 공개했다. 그는 심지어 노예제도라는 고도로 민감한 사안을 놓고 갑론을박할 때조차도 그 합의점을 찾아냈다. 링컨의 한 연설을 보도한 중립적인 신문인 <미러> 지는 그의 연설을 이렇게 평했다.

"처음 30분 동안 링컨의 적들은 그의 한 마디 한 마디에 모두 동의했다. 바로 그때부터 그는 마치 가축을 몰듯 그들을 조금씩 특정 방향으로 몰아갔고 결국에는 그들 모두를 자신의 우리 속으로 끌어들였다."

청중과 입씨름하는 연사는 단지 그들을 더 완고하고 방어적이 되게 하여 그들이 마음 바꾸는 것을 거의 불가능하게 만들지 않겠는가? '이제부터 나는 이러이러한 점을 입증해 보이겠고' 식으로 운을 떼는 것이 과연 현명한 일일까? 청중들은 이런 태도를 하나의 도전으로 받아들이며 속으로 '그래, 과연 그렇게 되나 두고 보자.'라고 말하지 않을까?

일단 연사와 청중이 합의하는 어떤 사항을 강조하는 것으로 시작한 후에 모두가 답을 듣고 싶어 하는 적절한 질문을 제기하는 방법이 훨씬 유리하지 않을까? 그러면서 그 답을 찾는 진지한 과정에 청중을 동참시키는 것이다. 그리고 탐색을 진행하는 동안 당신이 확실히 아는 사실들을 제시하여 청중이 당신의 결론을 그들 자신이 내린 결론으로 믿도록 유도한다. 그들은 스스로 알아낸 사실에 한층 더 강한 신뢰를 보낼 것이다. "최고의 논쟁은 단지 설명처럼 보이는 논쟁이다."

어느 논쟁에서나 양쪽의 입장 차이가 아무리 크고 첨예하다 해도, 연사가 계획하고 있는 진실 탐색 작업에 모든 사람을 동참시킬 근거가 되고 서로 합의할 수 있는 부분이 항상 존재하게 마련이다. 예를 들어보자. 1960년 2월 3일에 영국 수상 해롤드 맥밀란은 남아프리카공화국 의회의 양원에서 연설했다. 그는 인종차별이 지배적인 정책이었던 시기에 입법부 앞에서 영국의 비인종차별적인 시각을 설명해야 했다. 이때 그는 이런 근본적인 관점의 차이를 언급하는 것으로 연설을 시작했을까? 아니다. 그는 남아프리카의 놀라운 경제발전과 남아프리카가 세계에 기여한 의미 있는 공헌을 강조하는 것으로 말문을 열었다. 그런 연후에 재치 있고 노련하게 서로 다른 관점의 문제를 제기했다. 이때도 그는 이런 차이가 깊은 신념에 뿌리박고 있는 것임을 잘 알고 있다고 말했다. 그의 전체 연설은 섬터 요새 이전 시절에 링컨의 입에서 나온 부드럽지만 단호한 발언을 떠올리게 하는 대가다운 솜씨였다.

그 영국 수상은 이렇게 말했다.

"영연방의 회원국으로서 남아프리카를 지지하고 격려하고 싶은 것이 우리의 진실한 소망입니다. 그러나 여러분의 정책 중에는 우리가 우리 영토 안에서 실현하고자 하는 자유로운 인간의 정치적 운명에 대한 깊은 신념을 배반하지 않고는 우리가 그것을 할 수 없게 만드는 몇 가지 측면이 있습니다. 이 점을 솔직히 말씀드린다고 해서 너무 언짢게 생각하지 않으시기를 바랍니다. 저는 우리가 친구로서 잘잘못을 따지려 들지 말고 오늘날 우리 사이에 이런 관점의 차이가 존재한다는 사실을 함께 냉정히 직시해야 한다고 생각합니다."

연사의 말에 동조하지 않겠다고 아무리 마음을 다잡는다 해도 이런 발언은 청중에게 연사가 공정한 정신을 지닌 사람이라는 믿음을 갖게 하기 쉽다.

만약 맥밀란 수상이 처음부터 공통의 합의점을 찾는 대신 정책의 차이를 강조하는 것으로 시작했다면 결과가 어찌되었을까? 제임스 하비 로빈슨 교수의 명저 《마음의 형성》은 이 질문에 심리학적 관점에서 답해 준다.

인간은 때로 별 저항감이나 감정의 혼란 없이 마음을 바꾼다. 그러나 누군가에게 우리가 틀렸다는 말을 들으면 그런 지적에 발끈하며 마음의 문에 빗장을 질러버린다. 우리가 믿음을 형성해 가는 과정은 놀라울 정도로 허술하지만, 막상 누군가가 그 믿음의 세계에 돌을 던지려 하면 그에 대해 불합리할 정도의 집착을 보인다. 이때 우리가 목숨을 걸고 지키려 하는 것은 분명 그 믿음 자체가 아니라, 외부의 위협에 직면한 우리의 자존심인 것이다. ……인간의 삶에서 가장 중요한 것은 바로 '나의'라는 말이다. 그리고 지혜는 이것을 적절히 고려하는 데서 시작된다. 나의 저녁식사, 나의 개, 나의 집, 나의 신념, 나의 조국, 나의 신 등, 그것이 무엇이든 '나의'라는 요소와 연관된 것은 모두 똑같은 힘을 갖고 있다. 우리는 내 시계가 틀렸다거나 내 차가 볼품없다는 평가에 대해서뿐 아니라, 화성의 운하, '에픽테투스'의 발음, 살리신 해열진통제의 의학적 가치, 사라곤 1세의 재위 기간 등에 대한 나의 생각을 수정해야 한다는 지적에 대해서도 몹시 불쾌감을 느낀다. ……우리는 이제까지 진리로 알고 있던 것을 계속 믿고 싶어 하며,

이런 신념 체계에 누군가 이의를 제기할 때 촉발되는 반발심은 우리로 하여금 무슨 구실을 내세워서라도 그것을 고수하게 만든다. 그러니까 흔히 말하는 논증이라는 것도 실은 우리가 이미 믿고 있는 것을 계속 믿기 위한 논거를 찾아내는 작업에 불과한 것이다.

3 열정을 전염시켜라

화자가 상대와 공감하고 전염성이 있는 열정을 가지고 자신의 생각을 개진할 때 청자의 마음에 그와 반대되는 생각이 꿈틀댈 가능성은 훨씬 낮아진다. 나는 '전염성 있는'이라고 말했다. 열정은 실제로 그렇기 때문이다. 그것은 온갖 부정적이고 대립되는 생각들을 옆으로 밀어낸다. 당신의 목표가 설득하는 것일 때, 생각보다는 감정을 자극하는 것이 더 생산적이라는 사실을 기억하라. 감정은 차가운 생각보다 더 강력하다. 청중의 감정을 뒤흔들어 놓으려면 매우 진지해야 한다. 아무리 표현이 그럴듯하고 사례 또한 풍성하며 목소리와 제스처가 멋지게 조화를 이룬다 해도, 말에 진정이 담겨 있지 않으면 그 모든 것이 공허하고 겉만 번드르르한 장식에 불과할 뿐이다. 청중을 감동시키고 싶으면 먼저 당신 자신이 감동해야 한다. 당신의 눈과 목소리와 태도에서 드러나고 감지되는 당신의 열정은 그대로 청중에게 전이될 것이다.

말을 할 때마다, 특히 당신이 공언한 목적이 설득하는 것일 때 청자들의 태도는 당신이 어떻게 하느냐에 따라 결정된다. 당신이 미지근하면 그들도 그럴 것이고,

당신이 건방지고 적대적이면, 그들 역시 그렇게 나올 것이다. 미국의 단편작가이자 물리학자인 헨리 워드 비처는 이렇게 말했다.

"청중이 졸고 있을 때는 한 가지 방법밖에 없다. 안내자에게 날카로운 막대기를 주어 연사를 쿡쿡 찌르게 하는 것이다."

전에 나는 컬럼비아 대학에서 커티스 메달 수상자를 결정하는 심사위원 세 명 중 한 명으로 관여한 적이 있다. 심사 대상 재학생은 모두 여섯 명이었는데, 모두가 훈련이 잘 되어 있었고 잘해보겠다는 의욕도 대단했다. 그러나 단 한 명을 제외하면 나머지는 모두 메달을 딸 생각밖에 없었다. 그들에게는 청중을 설득하려는 의지가 거의 혹은 전혀 없었다.

그들이 자신의 주제를 선택한 것은 그것이 웅변용으로 적합하기 때문일 뿐, 자신이 주장하는 내용에 대한 깊은 개인적 관심은 없었다. 그들의 연설은 그저 전달 기술을 연습하는 것에 불과했다.

단 한 사람의 예외는 줄루족의 왕자였다. 그는 '아프리카가 현대 문명에 끼친 공헌'을 주제로 선택했다. 그리고 그가 말하는 한 마디 한 마디에 강렬한 감정을 불어넣었다. 그의 말은 단순한 연습이 아니라, 신념과 열정에서 우러난 살아 있는 연설이었다. 그는 자기 민족과 자기 대륙의 대표로 연설했으며, 지혜와 품격과 선의를 담아 자기 민족의 희망 메시지를 전했고 우리의 이해를 호소했다.

비록 대중연설 능력이 다른 경쟁자들보다 더 뛰어나다고 볼 수는 없다 해도, 우리는 그에게 메달을 수여했다. 심사위원들은 그의 말에 뜨거운 진정성이 있음을 알아보았다. 그것은 진심으로 불타오르고 있었다. 그에 비하면 다른 학생들의 연설은 그저 가스버너의 깜박거리는 깜부기불에 불과했다.

이 왕자는 이성만 사용해서는 연설 속에 자신의 인격이 배어들게 할 수 없다는 사실을 먼 이국땅에서 스스로 터득했다. 남을 설득하려면 자신이 하는 말에 스스로가 얼마나 깊은 확신을 갖고 있는지를 드러내보여야 하는 것이다.

4 청중에게 존경과 애정을 보여라

"사랑과 존경을 원하는 것은 인간의 본성입니다." 노먼 빈센트 필 박사는 한 직업 코미디언에 대한 이야기를 하면서 이렇게 말문을 열었다.

"모든 인간은 자신이 가치 있고 중요하고 존엄한 존재라는 의식을 갖고 있지요. 여기에 상처를 주면 우리는 그 사람을 영원히 잃게 될 것입니다. 그래서 누군가를 사랑하고 존경할 때 우리는 그를 높여주는 것이며, 당연히 그도 사랑과 존경으로 보답할 것입니다.

한 번은 제가 어떤 연예인과 한 프로그램에 출연한 적이 있습니다. 전 그 사람을 잘 몰랐습니다. 하지만 그 만남 이후에 그가 어려움을 겪고 있다는 글을 읽었지요. 그 이유를 알 것도 같더군요.

저는 그의 옆에 조용히 앉아 있었습니다.

'떨리시진 않지요?' 그가 물었고 제가 대답했습니다.

'아니요. 많은 사람 앞에 설 때는 늘 조금 떨립니다. 전 청중을 깊이 존경하기 때문에 그 책임감이 저를 약간 불안하게 하는 것 같습니다. 당신은 어떤가요?'

그가 답했다. '전 떨지 않습니다. 왜 그래야 하죠? 청중은 무엇에든 쉽게 속아 넘어갑니다. 대부분 멍청하지요.'

내가 응수했다. '전 그렇게 보지 않습니다. 그들은 당신의 최고 심판관입니다. 전 그들을 매우 존중합니다.'"

그 연예인의 인기가 시들해지고 있다는 기사를 읽은 필 박사는 그 이유가 사람들의 마음을 얻으려 하는 대신 그들을 적대시한 태도에 있다고 확신했다.

남에게 뭔가를 주고 싶어 하는 모든 사람들이 정말 가슴에 새겨야 할 유익한 교훈이 아닐 수 없다.

5 우호적으로 시작하라

한 무신론자가 영국의 신학자 윌리엄 페일리에게 신은 없다는 자신의 주장을 반증해 보라며 도전장을 던졌다. 이에 페일리는 아주 차분하게 자기 시계를 꺼내더니 덮개를 열고 그에게 말했다.

"만약 제가 선생에게 저 레버와 바퀴와 스프링들이 저절로 생겨나 저절로 맞물리고 조립되어 저절로 움직이기 시작했다고 하면, 선생은 절 머리가 좀 이상한 사람이라고 보지 않을까요? 물론 그렇게 생각하실 겁니다. 하지만 하늘의 별을 보십시오. 그 많은 별들이 저마다 완벽하게 정해진 궤도를 따라 움직이고 있지요. 지구와 태양 둘레의 행성들, 그리고 무수한 별들의 무리가 하루에 백만 마일 이상의 속도로 질주하고 있습니다. 각각의 별은 자체의 세계를 거느린 또 다른 태양으로, 우리의 태양계처럼 우주 공간을 떠돌고 있습니다. 그럼에도 서로 충돌하지 않고, 방해도 혼란도 전혀 없지요. 그 모든 별들이 조용히, 효율적으로, 잘 통제된 상태로 움직이고 있습니다. 이 모든 것이 그저 우연일 뿐이라고 믿는 것이 쉬울까요, 아니면 누군가의 의도로 그리되었다고 믿는 것이 더 쉬울까요?"

페일리가 그 무신론자에게 처음부터 적대적인 태도로 응수했다고 상상해 보라.

"신이 없다고요? 그런 말도 안 되는 소리 마세요. 선생은 지금 자신이 무슨 말을 하는지도 모르고 있습니다." 이랬다면 상황이 어떻게 전개되었을까? 두말할 필요 없이 격렬하지만 아무 유익도 없는 대설전이 벌어졌을 것이다. 그 무신론자는 자신의 신념을 위해 싸우겠다는 맹렬한 투지에 불타 자신의 불경스러운 열정에 더욱 부채질을 해댔을 것이다. 왜 그럴까? 오버스트리트 교수가 지적했듯이 그것은 그의 의견이었기 때문이다. 그 귀중한 자존심과 자부심이 발길질을 당하는데 어찌 가만히 있을 수 있겠는가?

인간성에서 매우 강한 폭발력을 지니고 있는 것이 자부심이다. 따라서 이것이 우리를 적대하지 않고 우리에게 유리하게 작용하도록 하는 것이 현명하지 않을까? 그럼 어떻게 해야 할까? 페일리가 했던 것처럼 우리가 제안하는 것이 상대방이 이미 믿고 있는 어떤 것과 아주 비슷하다는 사실을 보여주면 된다. 그러면 상대방도 우리의 제안에 손사래를 치기보다 받아들이기가 더 쉬워질 것이며, 그의 마음속에서 우리가 말한 것과 반대되는 생각이 떠올라 우리가 한 말이 괜한 흰소리가 되는 것을 막을 수 있다.

페일리는 인간의 심리가 어떻게 움직이는지를 깊이 이해했다. 그러나 대다수 사람들은 다른 사람의 신념의 성채에 그 성주와 함께 서로 팔짱을 끼고 무혈 입성할 수 있는 이런 주도면밀한 능력을 결여하고 있다. 그들은 정면에서 맹공을 퍼부어야 이 성채를 점령할 수 있다고 착각하고 있다. 그럼 어떻게 되겠는가? 공격이 시작되는 순간 도개교가 올라가고 육중한 성문은 굳게 닫힌 후 빗장이 채워지며 갑옷 입은 궁수들은 긴 화살을 뽑아들 것이다. 이런 식으로 치열한 설전이 전개되며 서로에게 심한 상처를 입힌다. 그러나 이런 싸움은 항상 무승부로 끝나게 마련이다. 어떤 문제에 대해서든 그 어느 쪽도 상대를 설득할 수 없게 되어 있다.

내가 지지하는 좀 더 현명한 방법은 새로운 것은 아니고, 오래 전에 성 바울이 사용했던 적이 있다. 마스 언덕에서 아테네인들에게 행한 유명한 연설에서 그는 이 방법을 매우 노련하고 솜씨 좋게 활용했기 때문에, 그로부터 1,900년이 지난 시대를 사는 지금의 우리에게도 감탄을 자아내게 한다. 그는 최고 교육을 받은 사람이었고, 그리스도교로 개종한 후에는 뛰어난 웅변술을 통해 그리스도교의 대표적인 옹호자가 되었다.

어느 날 그는 아테네에 도착했다. 페리클레스 이후의 당시 아테네는 영광의 정점을 지나 쇠락의 길을 걷고 있었다. 《성경》은 이 시기의 아테네를 이렇게 묘사한다.

"모든 아테네인과 그곳에 살던 이방인들은 그저 새로운 이야기를 하거나 듣는 일로 시간을 보낼 뿐이었다."

라디오도 전보도 통신사의 긴급타전도 없는 상황에서 당시의 아테네 사람들은 매일 오후 뭔가 새로운 것을 접하기가 쉽지 않았을 것이다. 이때 바울이 왔다. 여기 뭔가 새로운 것이 있었다. 그들은 호기심과 흥미를 느껴 바울 주위에 몰려들었다. 그들은 그를 아레오파고스 언덕으로 데려간 후 말했다.

"그대가 말하는 이 새로운 가르침에 대해 알려줄 수 있겠소? 그대의 말은 우리의 귀에 생소한 것이라 이것이 무엇을 뜻하는지 알고 싶소."

다시 말해 그들은 연설을 청한 것이고 바울은 이에 흔쾌히 응했다. 사실 그가 여기에 온 목적도 그것 때문이 아니던가? 시작하기 전에 아마 그는 나무 받침대나 돌 위에 서서 모든 뛰어난 연설가들도 처음에는 다 그렇듯이 약간 긴장해서 손바닥을 비비고 헛기침을 했을지도 모른다.

그러나 바울은 그들이 자신에게 연설을 청하면서 했

던 말들이 별로 마음에 들지 않았다. '새로운 가르침' '생소한 것'과 같은 말들은 일종의 독약이었다. 그는 이런 생각들을 걷어내야 했다. 왜냐하면 그들은 적대적이고 대립적인 의견들이 싹을 틔울 수 있는 비옥한 토양이었기 때문이다. 그는 자신의 믿음을 생소하고 이질적인 것으로 제시하지 않고, 그들이 이미 믿고 있는 것과 연관시키면서 둘 사이의 유사성을 드러내고자 했다. 이렇게 하면 반대 의견이 돌출되는 것을 막을 수 있을 것이다. 그러면 어떻게 해야 한다? 그는 잠시 생각에 잠겼고, 곧 좋은 수가 떠올랐다. 그는 이렇게 불멸의 연설을 시작했다.

"아테네 시민 여러분, 여러분은 모든 면에서 미신에 빠져 있는 것처럼 보입니다."

어떤 번역본들은 '여러분은 매우 종교적인 분들입니다.'로 되어 있기도 한데, 나는 이것이 더 낫고 더 정확하다고 생각한다. 그들은 여러 신을 섬겼고 매우 종교적이었으며 그것을 자랑스러워했다. 바울은 그들을 칭송했고 기쁘게 했으며, 그들도 바울을 향해 호감을 느끼기 시작했다. 효과적인 말하기 기법 중 하나는 어떤 예를 통해 진술을 뒷받침하는 것이다. 바울은 바로 그렇게 했다.

"제가 지나오면서 여러분이 예배하는 곳들을 살펴보았는데, 그곳에서 '미지의 신께'라고 새겨진 글씨가 있는 제단을 보았습니다."

이것은 분명 아테네인들이 굉장히 종교적이라는 사실을 증명해 준다. 그들은 많은 신들 중에서 어느 신에게든 자기도 모르게 불경을 저지르게 될 것을 우려하여 미지의 신을 위한 제단을 따로 만들었다. 이것은 모든 무의식적이고 의도하지 않은 불경과 소홀함에 대비한 일종의 총괄 보험증서 같은 것이었다. 바울은 이 특별한 제단을 언급함으로써 자신의 발언이 그냥 해보는 말이 아니라, 직접적인 관찰을 통한 진정한 이해에서 나온 것임을 보여주었다.

이제 지극히 절묘한 서두가 이어진다.

"저는 여러분이 알지도 못하면서 섬겨온 그 신을 이제 여러분께 알려드리고자 합니다."

여기에 새로운 가르침이나 생소한 것은 전혀 없다. 바울은 단지 그들이 잘 알지도 못하면서 섬겨온 한 신에 대한 몇 가지 진실을 알려주고자 했을 뿐이다. 그들이 믿지 않는 것을 그들이 이미 열렬히 받아들이고 있는 것에 견주는 것, 이것이 바울이 써먹은 탁월한 기술이었다.

바울은 구원과 부활의 가르침을 전했고, 그들이 잘 아는 한 그리스 시인의 몇 마디를 인용했다. 그게 다였다. 그를 비웃은 사람들도 있었지만 '그 이야기를 더 들어보고 싶다.'고 한 사람들도 있었다.

남을 설득하거나 감동을 주기 위한 연설을 할 때 유념해야 할 한 가지 문제는, 그들의 마음에 우리의 생각을 심고 그에 모순되거나 반대되는 생각이 생겨나지 못하게 하는 것이다. 이런 능력이 뛰어난 사람은 말을 통해 남을 움직일 수 있는 힘이 있다. 바로 이 부분에서 나의 책 《성공대화론》이 도움이 될 것이다.

우리는 살아가면서 거의 매일 논의 중인 어떤 주제에 대해 우리와 의견을 달리하는 사람들과 대화를 나눈다. 가정, 직장, 그리고 온갖 종류의 사회적 상황에서 당신은 항상 남들이 당신의 생각을 수용하게 하려고 하지 않는가? 당신의 방법에 개선의 여지가 있는가? 어떻게 시작하는가? 링컨과 맥밀란의 재치 있는 방법을 쓰는가? 만약 그렇다면, 당신은 보기 드문 외교적 수완과 비상한 분별력의 소유자이다. 우드로 윌슨의 다음 말을 기억하라.

"만약 당신이 내게 와서 '우리 함께 상의 좀 해봅시다. 만약 우리의 의견이 다르다면, 왜 다른지와 쟁점이 무엇인지를 이해해 봅시다.'라고 말한다면, 우리는 곧 우리가 사실은 그렇게 크게 다른 것은 아니며, 이견이 있는 부분은 극히 적은 반면 동의하는 부분은 많다는 것을, 그리고 인내심과 솔직한 태도와 서로 화합하려는 의지만 있다면 정말 함께 손을 잡을 수 있다는 것을 알게 될 것입니다."

4 즉석연설하기

얼마 전에 기업인과 정부 관료들이 한 제약회사의 신설 연구소 헌정식에 자리를 함께했다. 연구소 직원 대여섯 명이 한 사람씩 일어나 화학자와 생물학자들이 진행 중인 흥미로운 연구 내용을 소개했다. 그들은 전염병을 막을 신종 백신, 항바이러스용 신 항생물질, 긴장 완화를 위한 새로운 신경안정제를 개발하는 중이었다. 먼저 동물 실험을 거쳐 인체에 대한 실험까지 마친 그들의 결과는 정말 놀라웠다.

"정말 대단합니다." 한 관료가 연구소장에게 말했다. "마법사가 따로 없군요. 그런데 소장님은 왜 아무 말씀도 안 하십니까?"

"전 청중이 아니라 제 발에게 말합니다." 연구소장이 침울한 표정으로 대꾸했다.

잠시 뒤에 사회자가 그를 기습했다.

"우리는 소장님이 말씀하시는 걸 한 번도 듣지 못했

습니다. 소장님은 공식적인 연설을 내켜하지 않으시지요. 하지만 이번에는 한 말씀 부탁드리겠습니다."

참 보기에 안쓰러운 광경이 연출되었다. 연구소장은 일어서더니 간신히 두어 문장 정도 내뱉고는 길게 말하지 못하는 것을 사과했다. 그것이 그가 한 말의 요점이었다.

그는 자기 분야에서는 아주 유능한 인물이었다. 그런데도 그 자리에서는 그렇게 어색하고 당황해할 수가 없었다. 그럴 필요는 없었다. 그도 즉석연설법을 배울 수 있었다. 나는 우리 수강생 중 진지하고 의지가 굳은 학생으로서 이것을 배우지 못한 사람은 본 적이 없다. 처음에는 이 연구소장이 보여주지 못한 태도가 필요하다. 그것은 바로 단호하고 용감하게 패배주의적인 자세를 거부하는 태도다. 그 다음에 (아마 상당 기간 동안) 필요한 것은 아무리 힘들어도 꼭 해내고야 말겠다는 불굴의 의지이다.

당신은 이렇게 말할지 모른다. "저도 미리 준비하고 연습한다면 잘 해낼 겁니다. 하지만 불시에 연설 요청을 받으면 입이 굳어버립니다."

생각을 정리하여 즉흥적으로 말할 수 있는 능력은 몇 가지 점에서 길고 힘들게 준비한 후에 말하는 능력보다

한층 더 중요하다. 격식을 차리지 않고 편안하게 구두로 소통하는 현대의 비즈니스와 일상적인 생활패턴은 재빨리 생각을 정리하여 유창하게 언어화할 수 있는 능력을 필수적으로 만든다. 오늘날 산업과 정부에 영향을 주는 많은 결정들은 한 사람이 아니라 테이블 둘레에 둘러앉은 다수에 의해 내려진다. 물론 개인은 하고 싶은 말을 할 수 있지만, 집단의 의견이 표출되는 자리에서는 그 말이 강력하게 진술되어야 한다. 바로 여기서 즉석연설 능력이 진가를 발휘하며 모종의 결과를 만들어낸다.

1. 즉석연설을 연습하라

보통의 지능을 갖추고 어느 정도의 자제력이 있는 사람이라면 누구든 무난하고 종종 훌륭한 즉석연설을 할 수 있다. 즉석연설은 그냥 '사전 준비 없이 말한다.'는 뜻이다. 갑자기 몇 마디 해달라는 요청을 받을 때 자신의 생각을 유창하게 표현하는 능력을 향상시킬 수 있는 몇 가지 방법이 있다. 그중 하나는 일부 유명 영화배우들이 써먹은 방식을 이용하는 것이다.

수년 전, 더글러스 페어뱅스는 <아메리칸 매거진>에 쓴 기사에서 그와 찰리 채플린, 그리고 메리 픽포드가 2년간 거의 매일 밤 즐겼던 재치 게임을 소개했다. 그것은 단순한 게임 이상이었다. 그것은 화술 훈련 중에서도 가장 어려운 기술에 속하는, 일어선 채로 생각과 동시에 뭔가를 이야기하는 연습이었다. 다음은 페어뱅스가 설명한 게임 방법이다.

각자가 종이 위에 주제를 적은 후 종이들을 접어서 흔들어 뒤섞었다. 다음에 한 사람이 쪽지를 꺼낸다. 그러면 그는 즉시 일어나 그 주제에 대해 60초간 이야기를 해야 한다. 절대 같은 주제를 두 번 사용하지는 않았다.

어느 날 밤, 나는 '전등갓'에 대해 이야기해야 했다. 쉬울 것 같은가? 한 번 해보라. 나는 어떻게든 해냈다.

중요한 것은, 세 사람 모두가 이 게임을 시작한 이래 실력이 더욱 늘었다는 것이다. 우리는 온갖 잡다한 주제에 대해 훨씬 많은 것을 알게 되었다. 하지만 그보다 더욱 좋은 것은, 어떤 주제에 대해서든 순간적으로 관련 지식과 생각을 조합하는 법을 배우게 된다는 것이다. 우리는 즉흥적으로 생각하는 법을 배우고 있다.

나는 강의 중에 몇 차례 수강생에게 즉석연설을 해보라고 시킨다. 오랜 경험을 통해 나는 이런 종류의 연습이 두 가지 기능을 한다는 사실을 알게 되었다.

첫째, 그것은 수강생들에게 자신이 즉흥적으로 생각할 수 있다는 사실을 증명한다.

둘째, 이 경험을 통해 그들은 준비된 연설을 할 때 훨씬 더 안정감과 자신감을 느낄 수 있다.

그들은 비록 준비된 연설을 하는 동안 머릿속이 정전되는 최악의 사태가 발생한다 해도 다시 제 궤도를 찾을 때까지 즉석에서 제법 훌륭한 연설을 할 수 있다는 사실을 알게 된다. 그래서 이따금 우리는 수강생에게 이렇게 말한다.

"오늘 밤 여러분 각자에게 각기 다른 연설 주제가 주어집니다. 그게 뭔지는 연단에 서기 직전에 알려줄 겁니다. 행운을 빌어요."

그러면 어떤 일이 일어날까? 어떤 회계사는 광고에 대한 연설을 요청받는다. 광고 세일즈맨은 유치원에 대해 말해야 한다. 학교 선생님의 주제는 금융이 될 수 있고, 은행가의 주제는 학교 교육이 될 수 있다. 사무원에게는 생산과 관련된 주제가 할당되고, 생산 전문가는 운송에 대해 말해 보라는 요청을 받는다.

그들은 기가 죽어 포기해 버릴까? 전혀 그렇지 않다. 그들은 관련 주제에 대해 권위자인 척하지 않는다. 그리고 어떻게든 주제를 자신이 알고 있는 지식과 연결시킨다. 처음에는 잘하지 못할 수도 있지만, 어쨌든 일어서서 말을 한다. 그 일이 쉬운 사람도 있고 어려운 사람도 있다. 하지만 포기하는 사람은 없다. 그들은 모두 처음에 생각했던 것보다 훨씬 잘할 수 있다는 사실을 깨닫는다. 이것은 짜릿한 경험이다. 자신에게는 없다고 여겼던 능력을 새삼 발견하고 키울 수 있음을 알게 되니까.

만약 그들이 할 수 있다면(의지력과 자신감만 뒷받침되면) 누구라도 할 수 있으며, 이런 시도를 자주하면 할 수록 그만큼 더 쉬워진다는 것이 내 생각이다.

즉흥적으로 말하는 법을 훈련시키기 위해 우리가 이용하는 또 다른 방법은 '즉석연설 이어달리기' 기법이다. 이것은 우리 수업이 지닌 흥미진진하고 활기를 주는 한 특성이다. 한 수강생이 가능한 가장 환상적인 언어로 이야기를 시작하라는 요청을 받는다. 이를테면 이런 식이다.

"일전에 제가 헬리콥터를 조종하고 있는데, 비행접시떼가 다가오는 게 보였습니다. 나는 하강을 시작했지요. 그때 가장 가까이 있던 비행접시를 조종하던 작은 남자가 총을 쏘기 시작했습니다. 저는……."

이쯤에서 이 연사의 시간이 끝났다는 종이 울리고, 다음 차례의 수강생이 이야기를 이어받는다. 전체 수강생에게 차례가 다 돌아갈 때쯤이면 이야기는 화성의 운하나 국회의사당에서 끝날 수 있다.

준비 없이 말하는 기술을 계발하는 이런 방법은 훈련 기법으로써 효과가 대단하다. 이 연습을 많이 할수록 비즈니스나 사회생활에서 말을 해야 하는 실제상황에 더 잘 대응할 수 있을 것이다.

2 마음속으로 즉석연설에 대비하라

즉석연설 요청을 받은 사람은 대개 관련 주제에 대해 어느 정도 전문적인 지식이 있는 사람일 것으로 기대된다. 여기서의 문제는, 말을 해야 하는 상황을 받아들이고 자신에게 부여된 짧은 시간에 정확히 어떤 내용을 다루어야 할지를 결정하는 것이다. 이런 일에 능숙해지는 가장 좋은 방법 중 하나는 이런 상황에 대비해 정신적으로 미리 준비를 해두는 것이다. 어떤 모임에 나가면, 만약 당신이 연설 요청을 받을 경우 무슨 말을 할 것인지를 계속 자문하라. 주제의 어떤 측면이 이 자리에서 거론하기에 가장 적절하겠는가? 갑자기 요청을 받을 때 어떤 말로 수락을 하거나 거절을 할까?

그래서 내가 제시하는 첫 번째 충고는, 어떤 상황에서든 즉석연설을 할 수 있도록 정신적인 준비를 해두라는 것이다.

여기에는 당신의 생각이 필요한데, 세상에서 가장 하기 힘든 일이 바로 생각이다. 그러나 즉석연설가로서의 명성을 얻은 사람치고 자신이 관여된 모든 공적인 상황을 오랜 시간 분석함으로써 미리 준비하지 않은 사람은 없다는 것이 내 확신이다. 비행기 조종사가 스스로 끊임없이 불시에 닥칠 수 있는 문제들을 가정함으로써 위급 시에 침착하고 정확하게 행동할 준비를 하는 것과 마찬가지로, 즉석 연설가로 이름을 날리는 사람은 무수한 실전 연습을 통해 예기치 못한 상황에 대비한다. 이런 연습 중의 연설은 사실 즉석연설이 아니라, 평소에 준비해 둔 연설이다.

 당신의 주제는 이미 알려진 것이니까, 문제는 시간과 상황에 맞게 체계적으로 구성하는 일이다. 즉석연설가로서 당신은 당연히 짧은 시간 동안만 말을 하게 된다. 주제의 어떤 측면이 상황에 적합한지를 결정하라. 준비가 되어 있지 않다고 해서 사과하지는 마라. 이것은 예상된 일이다. 당장은 아니라도 가능한 빨리 주제로 치고 들어가라. 그리고 꼭 다음의 충고를 따르라.

3 곧장 사례를 들어라

왜 그래야 할까? 세 가지 이유 때문이다.

첫째, 다음에 해야 할 말에 대해서 골똘히 생각할 필요가 없어지게 된다. 경험은 즉석연설의 상황에서도 쉽게 전달할 수 있기 때문이다.

둘째, 말하기에 익숙해진다. 첫 순간의 불안이 사라지고 본 주제를 언급하기 전에 일종의 몸을 풀 기회를 갖게 된다.

셋째, 단번에 청중의 주의를 잡아끌 수 있다. 앞서 말한 <행동 촉구를 위한 짧은 연설>에서 지적했듯이 사건과 관계된 사례는 즉시 청중의 시선을 붙잡아둘 수 있는 확실한 방법이다.

인간적 관심을 자극하는 사례에 빨려든 청중은 당신에게 가장 안정감이 필요한 순간, 즉 연설 시작 후 처음 얼마간 자신감을 선물해 줄 것이다. 의사소통은 쌍방의 노력이 필요한 과정이다. 청중의 주의를 끈 화자는 즉시 그것을 알아볼 수 있다. 청중의 수용적인 태도를 감지하고 고조된 기대감이 마치 전류처럼 청중의 머리 위로 흐르는 것을 느끼면서 그는 계속 최선을 다해 그들의 기대에 부응할 의지를 다잡게 된다. 이렇게 화자와 청중 사이에 형성된 친밀한 관계는 모든 성공적인 연설의 열쇠가 되며, 그것 없이는 진정한 소통이 불가능하다. 바로 이런 이유로 나는 사례로 시작할 것을 강력히 권하는 것이다. 특히 몇 마디만 하라는 요청을 받을 때 그렇다.

4. 힘 있고 활기차게 말하라

앞서 몇 차례 언급했듯이 당신의 말에서 힘과 에너지가 느껴지면 밖으로 드러나는 그 활력이 정신 활동에 유익한 영향을 준다. 대화 중에 말을 하면서 갑자기 제스처를 쓰는 사람을 본 적이 있는가? 그는 곧 유창하게, 때로는 정말 멋지게 이야기하며, 청자들의 열렬한 시선을 받기 시작한다. 육체적 활동과 마음의 관계는 매우 긴밀하다. 우리는 수동 조작과 정신 활동을 설명할 때 같은 말을 사용한다. 예컨대, 우리는 어떤 생각을 '이해하다.' 라는 의미로 '생각을 붙잡다.(grasp an idea)' 혹은 '생각을 움켜잡는다.(clutch at a thought)'고 말한다. 몸이 충전되고 생기에 차 있으면, 이내 정신도 기민하게 작동한다. 따라서 자신의 말에 거리낌 없이 스스로를 내던지기 바란다. 그러면 즉석연설가로서 틀림없이 성공할 수 있을 것이다.

5 지금 여기의 원칙을 이용하라

언젠가는 누군가가 당신의 어깨를 툭 치며 '한 말씀 하시지요?' 라고 권할 때가 올 것이다. 아니면 전혀 예고 없이 그런 순간이 닥칠 수도 있다. 당신은 느긋하게 사회자의 말을 듣고 있는데, 갑자기 그것이 당신에 관한 말임을 알게 되는 것이다. 모두가 당신에게 시선을 돌리고 졸지에 당신은 다음 연사로 소개된다.

이런 상황에서 당신의 마음은 사납게 날뛰는 말에 오른 당황한 기수처럼 정신없이 사방으로 내달리기 쉽다. 그러나 그 어느 때보다 지금이 침착하게 냉정을 유지해야 할 때이다. 사회자에게 한 마디 하면서 잠시 숨고르기를 하라. 그 다음에는 모임과 밀접한 관련이 있는 말을 하는 것이 제일 무난하다. 청중은 그들 자신과 그들이 하는 일에 관심이 있다. 즉석연설을 위한 아이디어를 뽑아낼 수 있는 소스에는 세 가지가 있다.

첫째는 청중 자신이다. 그러니 부디 쉬운 연설을 위해서는 이 점을 기억하라. 당신의 청중에 대해 이야기하라. 그들이 누구이며 무슨 일을 하고 있고, 특별히 그들이 지역사회나 인류를 위해 어떤 구체적인 유익한 일을 하고 있는지를 말하라. 구체적인 예를 들어라.

둘째는 상황이다. 그 모임이 열리게 한 상황을 이용하는 것이다. 그것은 기념식인가? 감사 만찬회인가? 연례 모임인가? 아니면 정치적이거나 애국적인 행사인가?

 마지막으로, 만약 앞서 연설한 연사의 말을 주의 깊게 들었다면 그가 한 구체적인 어떤 말이 특히 인상적이었음을 밝히고 거기에 더 살을 붙일 수 있다. 가장 성공적인 즉석연설은 정말 즉석에서 행해지는 연설이다. 그것은 연사가 청중과 행사에 대해 마음으로 느끼는 바를 표현한다. 또 손에 꼭 맞는 장갑처럼 이 상황에 적합하며, 이 행사만을 위해 준비된 연설이다. 여기에 이 연설의 성공이 있다. 그것은 좀처럼 꽃을 피우지 않는 장미처럼 그때 그 순간에만 피었다가 현장에서 사라진다. 하지만 청중이 느낀 기쁨은 그들의 기억 속에 남아 있으며, 당신은 생각보다 빨리 즉석연설가로 인식되기 시작한다.

6 즉석연설이라도 생각 없이 말하지는 마라

장황하게 횡설수설하고 일련의 관련 없는 요소들을 엉성한 비논리의 실에 꿰어 연결시키는 것으로는 충분하지 않다. 전달하고 싶은 요점을 중심으로 생각들을 논리적으로 배합하고 종합해야 한다. 당신이 드는 사례들은 이 요점과 밀착되어 있어야 한다. 그리고 다시 말하지만, 말에 열정이 실려 있으면 즉석연설은 준비된 연설이 갖지 못한 박력과 활력을 지니게 된다.

이 단락에서 제시하는 몇 가지 제안을 유념한다면 당신도 유능한 즉석연설가가 될 수 있다. 연습은 이 단락의 초두에서 설명한 교실기법의 방식으로 하면 된다.

모임에서는 약간의 예비 계획을 세우고, 언제든 연설 요청을 받을 가능성을 염두에 두라. 만약 논평이나 제안을 해달라는 요청을 받을 수도 있다고 생각되면, 다른 연사들의 말에 세심한 주의를 기울여라. 자신의 생각을 몇 마디로 압축할 준비를 하라. 때가 오면 생각해둔 바를 가능한 간단하게 말하라. 사람들은 당신의 견해를 구했다. 그것을 간결하게 말하고 자리에 앉아라.

건축가이자 산업 디자이너인 노먼 벨 게데스는 자기는 일어서지 않으면 생각을 말로 표현할 수 없다고 말하곤 했다. 그래서 건축이나 전시회를 위한 복잡한 계획을 동료들에게 이야기할 때는 사무실을 서성거리면서 해야 생각이 가장 잘 정리되었다. 그래서 그는 앉아서 말하는 법을 배워야 했고, 물론 그것도 잘 배웠다.

대부분의 사람들은 그와는 정반대다. 우리는 서서 말하는 법을 배워야 하며, 물론 잘 배울 수 있다. 주요 비결은 시작을 하는데 있다. 일단 짤막하게 한 마디 하는 것이다. 그 다음에 다시 시작하고 또다시 시작하는 것이다.

그러면 갈수록 점점 쉬워지며, 각각의 이야기는 그 전의 것들보다 더 좋아질 것이다. 그리고 여러 사람 앞에서 하는 즉석연설도 결국은 우리의 거실에서 친구들에게 부담 없이 즉흥적으로 하는 대화의 연장에 불과하다는 사실을 알게 될 것이다.

제4장

소통의 기술

1 전달 기술

믿기지 않을지 모르지만, 우리가 세상과 접촉하는 방법은 딱 네 가지뿐이다. 우리는 이 네 가지 접촉을 통해 평가받고 분류된다. 바로 우리의 행동, 외모, 우리가 하는 말, 그리고 말하는 방식이다. 이 장에서는 이들 중 마지막 요소, 즉 말하는 방식의 문제를 다룰 것이다.

처음에 대중연설 강의를 시작했을 때, 나는 목소리의 울림을 개선하고 음역을 넓히며 억양의 유연성을 높이기 위해 음성 훈련에 많은 시간을 투입했다. 그러나 얼마 안 가 성인들에게 소리를 상부비강으로 흘려보내 유음을 만들어내는 법 따위를 가르치는 방식이 정말 전혀 쓸모없는 짓임을 깨닫기 시작했다. 3년이나 4년을 투자하여 발성 기술을 높이려는 사람들에게는 이 방법도 나쁘지 않다. 하지만 나는 내 수강생들이 타고난 목소리에 만족해야 한다는 사실을 깨달았다. 그리고 전에 학생들에게 횡격막 호흡을 연습시키는데 들였던 시간과 에너지를, 그들이 거리낌이나 주저함 없이 자신을 표현하게 하는 훨씬 더 중요한 목표로 전환한다면 정말 빠르고 지속적인 놀라운 성과를 얻게 되리라는 사실도 알게 되었다. 이런 깨달음을 얻게 해주신 하느님께 감사한다.

1 자의식의 껍질을 깨뜨려라

 내 강좌 중 몇 개 수업은 몹시 억압되고 긴장되어 있는 성인들을 자유롭게 풀어주는데 목표를 둔다. 나는 말 그대로 무릎을 꿇고 학생들에게 제발 자신의 껍질에서 나오라고, 그렇게 할 때 세상은 그들을 진심으로 환영한다는 사실을 직접 확인해 보라고 간청한다. 물론 이를 위해서는 어느 정도의 행동이 필요하지만, 그만한 값어치는 있는 일이다. 제1차 세계대전 때 연합군 총사령관 포슈 원수는 전쟁의 기술에 대해 이렇게 말했다.

"개념은 아주 간단하지만, 불행히도 실행은 복잡하다."

 물론 가장 큰 장애는 육체만이 아니라 정신까지 굳어지는 증상으로, 이는 나이가 들어가면서 찾아오는 일종의 경화 현상이다.

 청중 앞에서 자연스러워지는 것은 쉽지 않다. 배우들은 그 점을 알고 있다. 여러분이 가령 네 살짜리 아이였을 때는 아마 연단에 올라 청중에게 자연스럽게 말할 수 있었을 것이다. 그러나 스물네 살이나 마흔네 살이 된 후 연단에 올라 말을 시작하면 어떤 일이 일어날까? 네 살 때 보여주던 그 무의식적인 자연스러움을 그대로 보여줄 수 있을까? 그럴지도 모르지만, 십중팔구는 몸과 마음이 굳어지고 기계적이 되며 거북이처럼 껍질 속으로 목을 움츠릴 것이다.

성인들에게 말하는 법을 가르치거나 훈련시키는 것은 어떤 다른 성격을 덧붙여주는 일이 아니다. 그것은 대체로 걸림돌을 제거하고, 누군가가 그들을 때려눕힐 때 보여주는 자연스러운 반응과 똑같은 방식으로 자연스럽게 말할 수 있게 하는 문제이다.

나는 수도 없이 중간에 연사의 말을 막고 "인간답게 말하라."고 호소했다. 학생들에게 자연스럽게 말하는 법을 훈련시키다가 정신적으로 완전히 지치고 녹초가 되어 집에 돌아온 밤이 한두 번이 아니었다. 분명히 말하지만, 이 일은 생각만큼 쉽지 않다.

수업 중에 나는 학생들에게 일부가 사투리로 되어 있는 대화의 특정 부분을 연기해 보라고 요청한다. 그리고 거리낌 없이 이 극적인 사건들 속에 자신을 내던지라고 주문한다. 그렇게 할 때, 그들은 비록 연기가 서툴렀다 해도 그렇게 기분이 나쁘지는 않았다는 사실을 발견하고 놀라게 된다. 지켜보는 학생들 역시 일부 학생들이 보여주는 연기 능력에 놀란다. 내가 말하려는 요점은, 일단 여러 사람 앞에서 마음을 편히 하고 스스럼없이 말하게 되면 개인을 상대로든, 아니면 그룹 앞에서든 자신의 의견을 표현하는 보통의 일상적인 상황에서 망설이거나 주저할 가능성이 줄어들 거라는 것이다.

이때 느끼는 갑작스러운 자유는 새장에 갇혀 있던 새가 날개를 퍼덕이며 비상하는 것과 같다. 사람들이 극장이나 영화관에 몰려가는 이유가 무엇이라고 생각하는가? 그것은 그곳에서 다른 인간들이 거칠 것이 거의 혹은 전혀 없이 행동하며, 감정을 숨김없이 적나라하게 드러내는 것을 볼 수 있기 때문이다.

2. 남을 흉내 내지 말고 자기 자신이 되라

 우리는 자신의 말에 쇼맨십을 뒤섞을 줄 알고, 두려움 없이 스스로를 표현하며, 독특하고 개성 있고 창의적인 방법을 이용하여 거리낌 없이 청중에게 할 말을 하는 연사들을 보며 감탄을 금치 못한다.

 제1차 세계대전이 끝난 직후에 나는 런던에서 로스 경과 케이스 스미스 경 형제를 만났다. 그들은 최초로 런던에서 오스트레일리아까지의 비행에 성공하여 오스트레일리아 정부가 수여하는 5만 달러 상금을 받았다. 그들은 영국 전역을 떠들썩하게 했고, 왕으로부터 기사 작위도 받았다.

 잘 알려진 풍경 사진가 헐리 대위가 그들과 동행하여 영화를 찍었다. 그래서 나는 그들이 그 비행 장면을 찍은 사진을 이용한 여행 강연을 준비하는데 힘을 보탰고, 스피치 훈련까지 시켰다. 그들은 런던의 필하모닉 홀에서 한 사람은 오후에, 한 사람은 밤에 4개월 동안 매일 하루에 두 차례 강연을 했다.

 그들은 똑같은 경험을 했고, 나란히 앉아 지구를 반 바퀴 돌았으며, 한 마디 한 마디 거의 똑같은 내용을 전했다. 그럼에도 어쩐 일인지 전혀 똑같은 이야기로 들리지 않았다.

이야기 속에는 단순한 말 외에 다른 중요한 요소가 있다. 그것은 바로 전달 방식과 관련된 것으로, 무엇을 말하느냐가 아니라 어떻게 말하느냐의 문제이다.

러시아의 위대한 화가 부를로프는 한 제자의 그림을 고쳐준 적이 있는데, 제자는 바뀐 그림을 보고는 놀라 외쳤다.

"와! 선생님은 아주 조금만 손을 대셨는데, 완전히 다른 그림이 되었네요!" 이에 부를로프가 대답했다.

"예술은 아주 작은 것에서 시작되지."

이것은 그림에서만큼이나 말하기에서도 마찬가지이고, 파데레프스키의 피아노 연주에서도 마찬가지이다.

말에 손을 댈 때도 똑같은 일이 일어난다. 영국 의회에는 '모든 것은 말의 내용이 아니라 말을 하는 태도에 달려 있다.'는 오래된 격언이 있다. 오래 전 영국이 로마의 변경 식민지의 하나였을 때 전에 퀸틸리아누스가 그런 말을 했다.

포드 자동차 제작자는 "모든 포드는 정확히 똑같다."고 말하곤 했지만, 그건 자동차 이야기이고 인간의 경우에는 그런 일이 있을 수 없다. 어떤 두 사람도 완전히 똑같지는 않다. 태양 아래 존재하는 모든 생명체는 새로운 생명체이며, 그와 완전히 똑같은 생명체는 그 전에도 없었고 앞으로도 결코 없을 것이다. 청년은 자기 자신에 대해 그렇게 생각해야 한다. 그는 자신을 다른 사람들과 구분시켜주는 단 하나의 개성의 불꽃을 찾고 그것을 계발해야 한다. 사회와 학교는 그 개성을 탈색시키려고 할지 모른다. 그들은 모든 사람을 같은 틀에 넣어 똑같은 모양으로 찍어내려는 경향이 있다. 하지만 분명히 말하는데, 당신은 그 불꽃이 사그라지게 해서는 안 된다. 그것이야말로 당신을 중요한 존재로 부각시켜줄 수 있는 유일한 진짜 근거이다.

이 모든 것은 효과적인 말하기의 경우에도 두 배로 진실하다. 세상에 당신과 똑같은 인간은 하나도 없다. 수십억의 사람들이 다 눈이 두 개이고 코와 입이 각각 하나씩이지만, 그중에 당신의 것과 정확히 똑같은 것은 하나도 없다. 그것은 특성, 방식, 기질의 경우도 마찬가지이다. 자연스럽게 말할 때 당신과 완전히 판박이로 말하고 자신을 표현하는 사람은 없을 것이다. 다시 말해, 당신에게는 당신만의 고유한 개성이 있다는 것이다. 그것은 연사로서 당신이 지닌 가장 귀중한 소유물이다. 그것에 충실하라. 그것을 소중히 하고 발전시켜라. 그것은 당신의 말에 힘과 진정성을 불어넣어줄 불꽃이며,

'당신을 중요한 존재로 만들어주는 유일한 진짜 근거'이다. 부디 자신을 억지로 어떤 틀에 집어넣어 자신만의 독특한 개성을 잃어버리는 일이 없도록 하라.

3 청중과 대화하라

수많은 사람들이 보여주는 전형적인 말하기 방식에 대한 예를 들어보겠다. 한 번은 뜻하지 않게 스위스 알프스의 여름 휴양지인 뮈렌에 들르게 되었다. 나는 런던의 한 회사가 운영하는 호텔에 묵고 있었다. 이 회사는 매주 영국에서 강사 두 명을 보내 손님들 앞에서 강연하게 했다. 그중 한 사람이 영국의 유명한 소설가였고, 그녀가 택한 주제는 '소설의 미래'였다. 그녀는 그 주제가 자신이 직접 택한 것은 아니라고 밝혔다. 요점만 말하면, 그녀는 그것을 말할 만한 가치가 있는 주제로 만들기 위한 어떤 노력도 하지 않았다. 그저 두서없이 급하게 메모를 끼적였고, 청중 앞에 선 후에는 그들을 무시하고 심지어는 쳐다보지도 않았으며, 간간이 청중의 머리 위나 자신의 메모지, 아니면 바닥에 눈길을 주었다. 그리고 멍한 눈빛과 꿈꾸는 듯한 목소리로 자신의 말을 허공에 풀어놓았다.

이것은 전혀 연설을 하는 것이 아니다. 그것은 독백이다. 여기에는 소통에 대한 의식이 없다. 소통 의식이야말로 좋은 연설의 첫 번째 필수요건이다. 청중은 연사의 머리와 가슴에서 그들의 머리와 가슴으로 직접 전달되는 메시지가 있다고 느껴야 한다. 위에 소개한 소설가의 강연과 같은 연설은 차라리 모래투성이의 메마른 고비 사막에 대고 하는 편이 나을지 모른다. 사실 그것은 살아 있는 인간들 앞에서가 아닌, 그런 사막과 같은 장소에서 하는 연설처럼 들렸다.

연설 방법에 대해 쓰인 글들 중에는 무의미하고 말도 안 되는 허튼소리들이 엄청나게 많다. 그럼에도 그것은 각종 규칙과 절차의 베일에 가려져 신비화되었다. 구식의 '웅변술'은 웅변을 오히려 우스꽝스럽게 만드는 경우가 많았다. 도서관이나 서점에 간 직장인들은 웅변술에 대한 많은 책들이 전혀 쓸모가 없다는 사실을 알게 되었다. 다른 분야에서는 발전이 이루어졌음에도 불구하고 미국의 거의 모든 주에서는 여전히 학교 학생들에게 억지로 매우 수사적으로 표현된 웅변가의 연설문을 암송시키고 있다. 하지만 이것은 다람쥐 머리 모양의 타이어 펌프처럼 쓸모도 없고 깃털 펜처럼 구태가 잘잘 흐르는 것들이다.

20세기 이후 완전히 새로운 부류의 웅변술 학파가 등장했다. 시대정신에 맞춰 그것은 자동차처럼 현대적이고 실용적이며, 전보처럼 직접적이고, 인상적인 광고처럼 효과적이다. 오늘날의 청중들은 더 이상 한때 유행했던 화려한 언어의 불꽃놀이에 미혹되지 않는다.

 업무회의에 참석한 15명이건, 천막 밑에 모인 1,000명의 군중이건 현대의 청중들은 연사가 잡담할 때처럼 직접적으로, 그리고 그들 중 하나와 일상적인 대화를 나눌 때와 똑같은 태도로, 그러나 더 강한 힘과 에너지를 담아 이야기하기를 바란다. 연사는 자연스럽게 보이기 위해 한 사람에게 말할 때보다는 40명 앞에서 말할 때 한층 더 많은 에너지를 사용해야 한다. 그것은 건물 꼭대기의 동상이 땅 위의 관찰자에게 실물 크기로 보이려면 실제보다 커야 하는 것과 같은 이치이다.

 네바다의 광산 캠프에서 마크 트웨인이 강연을 끝냈을 때, 한 나이 든 광부가 와서 말했다.

 "자연스러운 말투로 해주실 수 있겠습니까?"

 이것이 청중이 원하는 것이다. 바로 자신의 '자연스러운 말투'를 조금 더 확장하는 것이다.

 이 확장된 자연스러움에 다가갈 수 있는 유일한 방법은 연습하는 것뿐이다. 연습하면서 자신의 말투가 부자연스러워지고 있다고 느끼게 되면, 잠시 멈추고 스스로에게 이렇게 말하라. '이봐, 왜 그래? 정신 차려! 인간답게 하라고!' 그 다음 마음속으로 맨 뒤에 있는 사람이나 주의력이 가장 약해 보이는 청중 한 사람을 골라 그를 상대로 이야기하라. 그 사람 외에 다른 사람들이 있다는 생각은 잊어버려라. 그리고 그 사람과 대화하라. 그가 당신에게 질문을 했고, 당신은 답변하고 있으며, 당신이 그 질문에 답할 수 있는 유일한 사람이라고 상상하라. 만약 그가 일어나 당신에게 말하고 당신은 그의 말에 대꾸한다면, 이 과정을 통해 당신의 연설은 즉시 더 자연스럽고 구어적이며 직접적이 될 수밖에 없다. 그러므로 바로 이런 상황이 전개되고 있다고 상상하라.

연설 중에 실제로 질문을 하고 그에 답하는 방식을 취할 수도 있다. 이를테면 연설 중간에 이런 식으로 묻고 답하는 것이다. '여러분은 제가 무슨 근거로 그런 주장을 하는 거냐고 물으시겠지요? 물론 충분한 근거가 있습니다. 이제 그걸 말씀드리겠습니다.' 이런 종류의 방법은 아주 자연스럽게 실행할 수 있다. 그것은 단조롭고 천편일률적인 말투를 없애고, 이야기를 더 직접적이고 유쾌하며 자연스럽게 만든다.

상공회의소 앞에서 연설할 때는 당신의 친구 존 헨리 스미스에게 말하듯 하라. 상공회의소 회의도 결국은 존 헨리 스미스 같은 사람들의 모임 아니던가? 개인적으로 이 사람들에게 통했던 것과 똑같은 방법이 그들이 한자리에 모인 그룹 앞에서도 통하지 않겠는가?

앞서 어떤 소설가의 연설 모습을 소개했다. 며칠 뒤에 그녀가 연설했던 바로 그 무도회장에서 우리는 물리학자 올리버 로지 경의 연설을 들으며 즐거운 시간을 보냈다. 그의 주제는 '원자와 세계'였다. 그는 이 분야에서 생각하고 연구하고 실험하고 조사하며 50년 이상을 보냈다. 로지 경은 기본적으로 자신의 머리와 마음과 생명의 일부인 것을 갖고 있었으며, 그것을 몹시 남들에게 전하고 싶어 했다. 그는 자신이 '연설'을 한다는 생각 따위는 하지 않았다. 그것은 전혀 걱정거리가 아니었다. 로지 경은 단지 청중에게 원자에 대해 정확하게, 이해하기 쉽게, 그리고 실감나게 말하는 데만 관심이 있었다. 그는 진지하게 우리에게 자신이 본 것을 보게 하고 자신이 느낀 것을 느끼게 하려고 했다.

결과는 어땠을까? 그의 연설은 정말 대단했다. 그것은 매력과 힘이 넘쳤으며, 모든 사람에게 깊은 인상을 남겼다. 그는 비범한 능력을 지닌 연사였다. 하지만 그는 스스로를 그런 관점으로 보지 않았다는 것이 내 확신이다. 나는 그의 말을 들은 청중들 중 그를 '대중연설가'로 생각한 사람은 거의 없었을 거라고 믿는다.

만약 당신의 말을 들은 사람들이 당신이 대중연설 훈련을 받은 사람일 거라고 생각하게 된다면, 그것은 당신의 강사, 특히 내 강좌를 담당했던 강사에게는 별로 명예스럽지 못한 일이 될 것이다. 우리는 당신의 말하는 태도가 힘이 있으면서도 극히 자연스러워 청중들은 당신이 '정식 훈련'을 받았으리라고는 상상도 못할 정도가 되기를 바란다. 창문이 깨끗하다면 그 자체는 주의를 끌지 못한다. 그저 빛을 통과시킬 뿐이다. 훌륭한 연사도 그와 같다. 그는 너무 자연스러워 청중들은 그가 말하는 태도는 눈여겨보지 않게 된다. 그저 그가 말하는 내용만 의식할 뿐이다.

4 말에 진심을 담아라

성실함과 열정과 높은 진정성 역시 큰 힘이 된다. 사람이 감정의 영향을 받을 때는 그의 진정한 자아가 표면으로 올라온다. 마음의 빗장은 내려지고, 감정의 열기가 모든 장벽을 태워 없앤다. 그는 자연스럽게 행동하고 자연스럽게 말한다. 한 마디로 그는 자연스럽다.

그래서 이 전달 기술의 문제도 결국은 이 책에서 이미 누차 강조한 것, 즉 말에 진심을 담으라는 명제로 귀결된다.

예일 대학 신학생들 앞에서 행한 설교에 관한 강연에서 브라운 학장은 이렇게 말했다.

"런던에서 열린 한 예배에 참석했던 친구가 들려준, 절대 잊히지 않는 이야기가 있습니다. 설교자는 조지 맥도널드라는 분이었습니다. 그분이 그날 아침 말씀의 주제로 택한 구절은 히브리서 11장이었습니다. 이제 설교할 차례가 되자 그는 이렇게 말했습니다.

'여러분은 모두 이 믿음의 사람들에 대해 들어보셨을 겁니다. 저는 믿음이 무엇인지는 말하지 않겠습니다. 이에 대해서는 저보다는 신학 교수님들이 훨씬 더 잘 설명할 수 있으니까요. 저는 여러분이 믿음을 갖는데

도움이 될까 하여 이 자리에 섰습니다.'

이어서 그 목사님은 자신의 말을 듣는 모든 사람들의 마음과 정신에 신앙의 싹을 틔울 정도로, 보이지 않는 영원한 현실에 대한 자신의 믿음을 단순하고 감동적이며 인상적으로 전달했습니다. 그의 설교에는 진심이 담겨 있었는데, 그 설교가 감동적이었던 것은 그분 내면의 삶이 지닌 진정한 아름다움에 근거하고 있었기 때문입니다."

'말에 진심을 담는다.' 이것이 비결이다. 하지만 나는 이런 충고는 별로 인기가 없다는 것을 알고 있다. 좀 모호하게 들린다. 또 막연하다. 보통사람은 확실한 규칙을 원한다. 뭔가 명확하고 손으로 만질 수 있으며, 자동차 운전 지침 같은 정확한 규칙을 원한다.

이것이 그가 원하는 것이고, 내가 그에게 주고 싶은 것이기도 하다. 그것은 그에게도 쉽고 내게도 쉬울 것이다. 이런 규칙들이 있다. 그런데 그들에게는 딱 하나 작은 문제가 있다. 바로 별 효과가 없다는 것이다. 그들은 인간의 말에서 모든 자연스러움, 자발성, 생명력, 활력을 앗아가 버린다. 난 알고 있다. 소싯적에 이런 규칙들을 따르느라 엄청난 양의 에너지를 낭비한 전력이 있기 때문이다. 이 책에서는 그런 규칙들을 소개하지 않을 것이다. 유머작가 조쉬 빌링스가 말했듯이 "그렇게 많은 것들을 알아봤자 소용이 없기" 때문이다.

　에드먼드 버크는 논리와 추론과 작문 실력이 탁월한 연설문을 남겼고, 그래서 오늘날 이 나라의 여러 대학에서 웅변술의 고전으로 연구되고 있을 정도이다. 하지만 버크는 연설가로서는 낙제 수준이었다. 그는 자신의 주옥같은 연설문을 재미있고 강력하게 전달할 수 있는 능력이 없었다. 그래서 의회에서는 그를 '저녁 식사를 알리는 종소리'라고 부를 정도였다. 그가 연설을 위해 연단에 서면, 다른 의원들은 기침을 하고 발을 이리저리 움직이며, 아예 잠을 자거나 떼를 지어 몰려 나갔다.

　누군가에게 온 힘을 다해 강철 총탄을 던져도 그의 옷에 흠집 하나 내지 못할 수도 있다. 그러나 수지양초 뒤에 화약을 붙여 던지면 송판도 뚫을 수 있다. 유감스럽지만, 화약을 붙인 수지양초 같은 많은 연설이 힘도 없고 흥분도 없는 강철 총탄 같은 연설보다 더 강한 인상을 남긴다.

5 목소리를 강하고 유연하게 만들어라

자신의 생각을 청자에게 제대로 전달할 때, 우리는 음성과 몸짓의 다양한 요소들을 사용하게 된다. 가령, 어깨를 으쓱하고 팔을 움직이며 눈살을 찌푸리고 목소리를 높이고 음성의 높낮이와 억양을 바꾸며 상황과 말의 내용에 따라 빠르게 혹은 천천히 말한다. 그리고 이 모든 것은 원인이 아니라 결과임을 기억하는 것이 중요하다. 목소리의 변화는 정신적 감정적 상태의 직접적인 영향을 받는다. 청중 앞에 나서기 전에 자신이 잘 알고 흥분을 느끼는 주제를 선택하는 일이 그토록 중요한 것도 바로 그런 이유 때문이다. 또 이런 이유로 우리가 택한 주제를 청중과 공유하고픈 마음이 간절해야 하는 것이다.

대부분의 사람은 나이가 들어갈수록 청춘의 자발성과 자연스러움을 잃고, 신체적이고 음성적인 의사소통의 한정된 틀 속으로 빠져드는 경향이 있다. 몸짓을 이용하는 일도 줄어들고 생기도 적어지며 목소리에도 좀처럼 높낮이의 변화가 없다. 간단히 말해, 진정한 대화의 신선함과 자발성이 증발된다. 우리는 너무 느리게, 혹은 너무 빠르게 말하는 습관에 빠지고, 말투도 아주 조심하지 않으면 귀에 거슬리게 되거나 경망스러워진다.

  이 책에서 나는 자연스러운 행동을 누차 강조했기 때문에 여러분은 내가 자연스럽기만 하면 조악한 말투나 단조로운 전달쯤이야 관대히 봐줄 것으로 생각할지 모른다. 하지만 그렇지 않다. 내가 말하는 것은, 우리가 자신의 생각을 힘 있게 표현한다는 의미에서 자연스러워야 한다는 뜻이다. 훌륭한 연설가라면 누구나 자신에게 어휘의 폭, 이미지와 어법의 풍부함, 표현의 다양성과 힘을 개선할 수 있는 능력이 없다고 생각지는 않을 것이다. 이들은 자기개선에 관심 있는 모든 사람이 계발하고자 하는 영역들이다.

  음량, 목소리의 높낮이 변화, 속도의 측면에서 스스로를 평가하는 것은 아주 좋은 생각이다. 이 과정에는 녹음기를 이용할 수 있다. 한편 친구들에게 이 평가를 부탁하는 것도 좋은 방법이다. 전문가의 조언을 받을 수 있다면 더욱 좋다. 하지만 이들은 청중과 대면하지 않은 상태에서 연습해야 할 것들이라는 점을 잊지 마라. 청중 앞에 섰을 때 기술적인 면에 신경을 쓰면 연설의 효과에 치명상을 입힐 수 있다. 일단 청중 앞에 서면 자신의 말에 몰입하고, 청중을 정신적 감정적으로 뒤흔들어놓는데 자신의 전 존재를 집중시켜라. 그러면 십중팔구 책에서 배워서 하는 것보다 훨씬 힘 있고 역동적인 연설을 하게 될 것이다.

제5장

효과적인 말하기의 실제

1 연사 소개, 수상자 소개 및 수상 소감 연설

연설을 해달라는 청을 받을 때는 다른 연사를 소개하거나, 정보를 제공하고 즐거움을 주고 확신을 갖게 하거나 설득하기 위한 더 긴 연설을 하게 될 수 있다. 아마 당신은 시민단체의 사회자이거나 여성단체의 회원이며, 다음 모임 때 연사를 소개하는 일을 맡게 될지 모른다. 아니면 지역 학부모회, 영업조직, 노조회의, 또는 정치조직에서 한 마디 하게 될 때를 고대하고 있는지도 모른다. 더 긴 종류의 연설을 준비하는 요령에 대해서는 다음 단락에서 설명하고, 이 단락에서는 소개 연설은 어떻게 준비해야 하는지를 살펴볼 것이다. 또 상을 수여하고 상을 수상할 때 어떻게 말을 할 것인지에 대한 몇 가지 유용한 조언도 제시할 것이다.

생기 넘치는 강연으로 전국에서 많은 인기를 얻은 작가이자 강연자인 존 메이슨 브라운은 어느 날 밤 그를 청중에게 소개하기로 되어 있던 남자와 이야기하고 있었다.

"무슨 말을 해야 할지는 너무 신경 쓰지 마세요." 그 남자가 브라운에게 말했다.

"긴장을 푸세요. 저는 굳이 연설을 준비할 필요가 없다고 생각합니다. 미리 준비하는 건 안 좋습니다. 매력과 흥이 사라지죠. 저는 그냥 연단에 섰을 때 영감이 떠오르기를 기다립니다. 그러면 결코 실패하는 법이 없지요."

이 사람의 자신만만한 태도에 브라운 씨는 멋진 소개말을 기대했다고 한다. 그런데 때가 되어 자리에서 일어난 그는 이런 식으로 소개를 했다.

여러분, 제게 주목해 주십시오. 오늘 밤 여러분에게 안 좋은 소식을 전해드려야겠습니다. 원래 저희는 아이작 F. 마코슨 씨를 초대하려 했는데 그분이 올 수 없다더군요. 몸이 아프시답니다. (박수) 다음에는 블레드릿지 상원의원께 청을 드렸습니다. ……하지만 그분은 바쁘다네요. (박수) 마지막으로 캔자스시티의 로이드 그로건 박사님을 섭외했습니다만 역시 허탕이었습니다. (박수) 그래서 대신에 존 메이슨 브라운 씨를 모셨습니다. (침묵)

그때의 황당한 상황을 떠올리며 브라운 씨는 이렇게만 말했다.

"그 영감 신봉주의자는 적어도 내 이름만은 정확히 알고 있었다."

물론 우리는 자신의 영감이 알아서 길을 인도해 주리라고 확신한 이 남자가 정말 자신의 영감에 모든 걸 맡겼다 해도 이보다 일을 더 그르칠 수는 없었으리라는 것을 알아볼 수 있다. 그의 소개말은 그가 연사와 청중 모두에게 지니고 있던 의무를 위반했다. 이런 의무들은 많지는 않지만 중요한 것들이다. 그리고 이런 사실을 깨닫지 못하는 행사 진행자들이 얼마나 많은지 참 놀라울 정도이다.

소개연설은 사교적인 소개와 동일한 목적을 지닌다. 그것은 연사와 청중을 하나로 이어주고 친근한 분위기를 형성하며 서로를 관심의 유대로 연결시킨다. '연설을 하실 필요는 없어요. 그냥 연사를 소개하기만 하면 됩니다.'라고 말하는 사람은 소개연설의 가치를 평가절하하는 죄를 범하고 있다. 소개연설만큼 더 엉망이 되는 연설도 없다. 그것은 아마 그 연설을 준비하고 전달하는 임무를 맡은 많은 진행자들이 그 일을 별로 대단치 않은 것으로 여기기 때문일 것이다.

소개말(introduction) – '안으로'라는 의미의 라틴어 intro와 '이끌다.'는 의미의 ducere에서 만들어진 말이다. – 은 우리를 주제의 안으로 이끌고 들어가 그에 대해 듣고 싶게 만들 정도가 돼야 한다. 그것은 연사와 관련된 내면적 사실, 즉 그가 이 특별한 주제에 대해 몇 마디 하기에 적합한 인물임을 증명해 주는 사실들로 우리를 인도해야 하는 것이다. 다시 말해, 소개말은 청중에게 주제를 '팔고' 연사를 '팔아야' 한다. 그리고 그 일들을 가능한 짧은 시간에 해내야 한다.

이것이 소개말이 해야 할 일이다. 하지만 실제로는 어떤가? 그런 역할을 제대로 해내는가? 열에 아홉은 그렇지 못하다. 대부분의 소개말은 부실하고 박력이 없고 용납할 수 없을 정도로 함량미달이다. 이 지경까지 될 필요는 없다. 만약 소개하는 연사가 자기 임무의 중요성을 깨닫고 제대로 하기 위해 노력한다면, 그는 곧 유능한 사회자, 혹은 진행자라는 평판을 얻게 될 것이다.

이제부터 잘 구성된 소개연설을 하기 위한 몇 가지 방법을 소개한다.

1 할 말을 철저하게 준비하라

비록 소개말은 짧고 1분을 넘기는 경우가 드물지만, 그럼에도 꼼꼼한 준비가 필요하다. 먼저, 필요한 사실들을 확보해야 하는데, 이들은 세 가지 항목을 중심으로 이루어진다. 연사의 연설 주제, 그 주제에 대해 말할 만한 연사의 자격, 그리고 연사의 이름이다. 여기서 네 번째 항목이 추가될 경우가 많은데, 그것은 대개 연사가 선택한 주제가 청중의 특별한 관심을 끄는 이유이다.

강연의 정확한 제목과 연사의 주제 전개 방식에 대한 내용을 반드시 숙지하라. 연사가 소개말의 일부 내용이 사실과 다르다며 부인하고 나서는 것처럼 난처한 상황은 없다. 연사의 주제가 무엇인지를 분명히 확인하고 그가 무슨 말을 할지 대충 예측하는 일을 삼가면 이런 황당한 상황을 예방할 수 있다. 강연 제목을 정확히 제시하고 그것이 청중의 관심사와 어떤 관련이 있는지를 지적하는 것은 소개자로서 당신의 의무이다. 가능하다면, 이 정보를 연사에게서 직접 얻어라. 가령 행사 진행자 같은 제3자에게 의존해야 한다면, 서면으로 관련 정보를 입수하고 행사 직전에 연사에게 확인하라.

하지만 아마 당신이 해야 할 준비 대부분은 연사의

자격과 관련된 사실을 확보하는 일일 것이다. 연사가 전국적으로, 또는 지역에서 알아주는 명사일 경우에는 인명사전 등에서 정확한 정보를 얻을 수 있다. 지역의 명사라면 그가 일하는 조직의 홍보부나 인사과에 알아볼 수 있고, 아니면 가까운 친구나 가족에게 연락하여 사실을 확인하는 경우도 있다. 중요한 것은 전기적 사실을 정확하게 확인하는 것이다. 연사와 가까운 사람들은 기꺼이 귀띔을 해줄 것이다.

물론 사실을 너무 많이 나열하면 지루해질 수 있다. 특히 연사가 받은 하나의 학위로 자연히 그보다 하위 단계의 학위도 취득했음을 알 수 있을 때 그렇다. 예컨대 어떤 사람을 박사라고 소개하면서 굳이 그의 학사와 석사 학위까지 들먹일 필요는 없는 것이다. 마찬가지로 연사가 대학을 졸업한 이후 역임한 온갖 직책을 줄줄이 읊어대는 것보다는 가장 최근의 최고위직들만 소개하는 것이 좋다. 무엇보다 연사의 경력에서 가장 눈에 띄는 업적을 빼놓고 비교적 덜 중요한 이력을 소개하는 실수를 경계하라.

예를 들면, 전에 한 유명한 연사가 – 이런 실수를 해서는 안 될 사람이었다. – 아일랜드의 시인 W. B. 예이츠를 소개하는 것을 본 적이 있다. 예이츠는 자신의 시를 낭송할 예정이었다. 그보다 3년 전에 예이츠는 문학인에게 수여될 수 있는 최고의 영예인 노벨문학상을 수상했다. 나는 그 자리에 모인 청중들 중 그 상이나 그것의 의미에 대해 알고 있는 사람은 10퍼센트도 안 되었을 거라고 확신한다. 이 두 가지는 반드시 언급되어야 했다. 다른 건 다 무시해도 이 사실들만은 꼭 짚고 넘어갔어야 했다. 하지만 그 사회자는 그것들을 완전히 무시해 버리고, 뜬금없이 신화와 그리스 시에 대한 이야기로 방향을 틀었다.

특히 연사의 이름을 정확히 확인하고 그 발음에 익숙해져라. 작가 존 메이슨 브라운은 자신이 존 브라운 메이슨이나 심지어 존 스미스 메이슨으로 소개된 적도 있다고 말했다. 캐나다의 유명한 유머작가 스티븐 리콕은 그의 유쾌한 에세이 《우리는 오늘 밤 우리와 함께한다 We Have with Us》에서 다음과 같이 소개받았던 일화를 들려주고 있다.

정말 많은 분들이 잔뜩 들뜬 마음으로 리로이드 씨가 오기만을 기다렸습니다. 그분의 책을 접한 분들에게는 이미 그분이 오랜 친구처럼 느껴질 겁니다. 사실 리로이드라는 이름이 우리 시에서는 오래 전부터 누구나 다 아는 이름이 되었다고 말한다 해도 제가 과장한다고는 생각지 않습니다. 정말 기쁜 마음으로 여러분께 리로이드 씨를 소개합니다.

연사에 대해 조사하는 주요 목적은 명확하고 구체적이 되려는 것이다. 이를 통해서만이 소개말은 청중의 관심을 높이고 연사의 말에 마음을 열게 하는 본연의 목적을 달성하게 될 것이다. 준비를 제대로 하지 않은 사회자는 대개 다음과 같이 애매하고 흐릿하게 얼버무리기 쉽다.

우리에게 강연해 주실 분은 이 주제, 그러니까 그분의 주제에 대해 권위자로 널리 인정받고 있습니다. 우리는 큰 관심을 가지고 이 주제에 대한 그분의 말씀을 고대하고 있습니다. 특히 이분은 그곳에서, 그러니까 아주 멀리서 오셨으니까요. 정말 기쁜 마음으로 여러분에게 음, 아, 여기 있군요. 블랭크 씨를 소개합니다.

조금만 시간을 들여 준비하면 이런 개념 없는 소개로 연사와 청중 모두를 불쾌하게 하는 일을 피할 수 있다.

2 T-I-S 공식을 따르라

대부분의 소개에서 T-I-S 공식은 당신이 조사를 통해 수집한 사실들을 체계화하는데 편리한 지침 역할을 한다.

1. T는 주제(Topic)를 의미한다. 연사의 정확한 강연 제목을 알리는 것으로 소개를 시작하라.
2. I는 중요성(Importance)을 나타낸다. 이 단계에서 당신은 주제와 청중의 특별한 관심 사이에 다리를 놓는다.
3. S는 연사(Speaker)를 말한다. 여기서는 연사의 눈에 띄는 이력, 특히 강연 주제와 관련된 것들을 소개한다. 그리고 마지막으로 그의 이름을 분명하고 또렷하게 알린다.

이 공식에는 당신의 상상력을 동원할 여지가 아주 많다. 소개말이 꼭 무미건조하고 상투적일 필요는 없다. 여기 이 공식을 따르면서도 전혀 그런 느낌을 주지 않는 소개말의 예가 있다. 다음은 <뉴욕시티>의 편집자 호머 손이 신문인들 모임에서 뉴욕 텔레폰컴퍼니의 부사장 조지 웰바움을 소개했을 때 한 말이다.

오늘 강연 주제는 '전화가 당신에게 봉사한다.' 입니다. 제가 보기에 사랑이나 경마광의 고집처럼 세계에서 가장 큰 신비 중 하나는 우리가 전화를 할 때 일어나는 일 같습니다. 왜 제대로 걸었는데 엉뚱한 번호로 연결될까요? 왜 어떤 때는 산 하나를 사이에 두고 있는 옆 동네로 전화할 때보다 뉴욕에서 시카고로 걸 때 전화가 더 빨리 연결될까요? 우리 강연자께서 이런 질문과 그 외에 전화에 대한 모든 질문에 답해 주실 겁니다. 연사께서는 20년 동안 전화 사업과 관련된 온갖 자잘한 업무를 소화하고 이 사업을 명확히 이해시키는 일을 해왔습니다. 그분은 일을 통해 현재의 지위에까지 오른 전화회사의 중역이십니다.

연사께서는 그분의 회사가 우리에게 어떤 유익한 일을 하는지 말씀해 주실 겁니다. 만약 이 서비스에 친근감을 느끼신다면, 이분을 수호성인으로 생각하십시오. 혹시 최근에 전화 때문에 불편을 겪으신 적이 있다면, 이분이 피고 측 대변인이 되게 합시다.

신사숙녀 여러분, 뉴욕 텔레폰사 조지 웰바움 부사장님을 소개합니다.

소개자가 얼마나 노련하게 청중에게 전화에 대해 생각하게 하는지 주목하라. 그는 질문을 통해 청중의 호기심을 자극한 다음 연사가 그 질문과 청중이 궁금해하는 다른 질문에 답해줄 거라고 말한다.

나는 이 소개말이 미리 작성되거나 암기되었을 것 같지는 않다. 종이에 써놓고 보았을 때도 그것은 구어적이고 자연스럽다. 소개말은 결코 암기해서는 안 된다. 작가이자 배우인 코르넬리아 오티스 스키너를 소개하기로 되어 있던 한 사회자는 말을 시작하려고 할 때 그만 외워두었던 소개말을 잊어버렸다. 그녀는 심호흡한 후 말했다.

"원래 버드 제독을 초청할 계획이었지만, 사례비가 너무 비싸 코르넬리아 오티스 스키너 양을 모시게 되었습니다."

소개말은 너무 예의범절을 따지거나 심각하지 않고, 그 상황에서 자연스럽게 흘러나온 것처럼 보여야 한다.

웰바움 씨를 소개한 앞의 글에서는 '정말 기쁘게도'나 '여러분에게 소개하게 된 것을 큰 영광으로 생각합니다.' 같은 상투적 표현이 없다. 연사를 소개하는 가장 좋은 방법은 그냥 그의 이름을 밝히거나, 아니면 '이제 모시겠습니다.' 라고 말한 후 그의 이름을 알리는 것이다.

사회자들 중에는 말을 너무 길게 하여 청중을 짜증나게 하는 이들이 있다. 또 어떤 사회자는 요란하고 화려

한 미사여구를 통해 연사와 청중에게 그들이 중요한 존재라는 인상을 심어주려 애쓴다. 한 술 더 떠 곰팡내 나는 진부한 농담으로 오래도록 말꼬리를 늘이거나, 유머랍시고 연사의 직업을 깔보거나 비난하는 식의 한심한 실수를 저지르는 사회자도 있다. 정말 멋있고 인상적인 소개를 하려는 사람은 이런 실수들을 피해야 한다.

여기 T-I-S 공식을 잘 따르면서도 자체의 개성을 지닌 소개말의 예가 하나 더 있다. 특히 에드거 L. 슈나딕이 저명한 과학 교육자이자 편집인인 제럴드 웬트를 소개하면서 공식의 3단계를 어떻게 혼합하는지에 주목하라.

연사님의 주제인 '오늘날의 과학'은 심각한 문제입니다. 그것은 제게 자기 몸속에 고양이가 들어 있다는 환각에 시달리던 정신병 환자의 이야기를 떠올리게 합니다. 이것이 사실이 아님을 증명할 수 없던 정신과 의사는 가짜 수술을 시도했습니다. 그리고 마취에서 깨어난 환자에게 검은 고양이를 보여주며 이제 그의 고통이 끝났다고 말했지요. 그런데 환자는 이렇게 대답했습니다.

"죄송하지만 선생님, 절 괴롭히고 있는 건 회색 고양이랍니다."

오늘날의 과학도 이와 같습니다. 우리는 U-235라는

고양이를 찾고 있습니다만, 나타나는 건 넵투늄, 플루토늄, 우라늄233 등으로 불리는 새끼고양이 떼였습니다. 이 원소들은 시카고의 겨울처럼 제압되었습니다. 최초의 핵과학자라고 할 수 있는 예전의 연금술사는 임종의 자리에서 우주의 비밀을 발견할 수 있게 하루만 더 살게 해달라고 저승사자에게 빌었다지요. 그런데 지금의 과학자들은 우주가 꿈도 꾸지 못했던 비밀을 만들어냅니다.

오늘 우리가 모신 연사는 현대 과학의 실상에 대해 뭔가를 알고 계신 분입니다. 시카고 대학 화학교수였고 펜실베이니아 주립대학 학장, 오하이오 주 콜럼버스 시에 있는 바텔 기업연구소 소장을 역임하셨습니다. 또 정부 기관에서 과학자로 일하셨으며 편집자이자 저술가이기도 합니다. 아이오와 주 대번포트 시에서 태어났고 하버드에서 전문 학위를 받았으며, 군수공장에서 연수를 마치고 유럽을 두루 여행했습니다.

또 연사님은 몇 개 과학 분야의 많은 교과서를 집필하고 편집했습니다. 가장 잘 알려진 저서 《내일의 세상을 위한 과학 Science for the World of Tomorrow》은 연사님이 뉴욕 세계박람회에서 과학 부문 총괄책임자로 계실 때 출판되었습니다. <타임>, <라이프>, <포춘>, 그리고 <마치 오브 타임>의 자문 편집위원으로 활동하며 보여준 그분의 과학 뉴스에 대한 해석은 폭넓은 독자

층을 형성했습니다. 연사님의 다른 책 《원자 시대 *The Atomic Age*》는 히로시마에 원폭이 투하된 지 열흘 뒤인 1945년에 출간되었습니다. 연사님이 즐겨 쓰는 표현은 "최고의 순간은 아직 오지 않았다."라는 말입니다. 정말 그렇습니다. 이러한 분을 소개하게 되어 자랑스럽습니다. 여러분도 <사이언스 일러스트레이티드>의 편집장이신 제럴드 웬트 박사님의 강연을 듣게 되어 기쁘실 겁니다.

얼마 전만 해도 소개할 때 연사를 지나치게 띄워주는 것이 일종의 유행이었다. 이것은 사회자가 연사에게 꽃다발을 잔뜩 안기는 격이었다. 그러면 어설픈 연사는 이 아첨의 짙은 향기에 압도당하는 경우가 많았다.

인기 유머작가인 톰 콜린스는 《사회자를 위한 안내서》의 저자 허버트 프로크노에게 이렇게 말했다.

"사회자가 청중에게 그들이 곧 웃음을 참지 못해 배꼽을 잡고 복도를 뒹굴게 될 거라고 약속하는 것은 청중을 웃기려는 연사에게는 치명적입니다. 사회자가 유머작가이자 코미디언인 윌 로저스 같은 사람을 들먹일 때도 연사는 이미 판이 깨진 거나 마찬가지이기 때문에 그냥 집에 가는 것이 나을 겁니다."

한편 연사를 과소평가하는 것도 문제이다. 스티븐 리콕은 그가 이런 식으로 끝났던 소개말에 응해야 했던 때를 회상한다.

오늘 강연은 이번 겨울 시리즈 강연 중 첫 번째 행사입니다. 여러분도 아시다시피 지난번 시리즈는 성공적이지 못했습니다. 사실 연말의 결산 결과는 적자였습니다. 그래서 금년에는 진용을 새롭게 꾸려 강연료가 저렴한 연사들로 실험을 해보려고 합니다. 리콕 씨를 소개합니다.

리콕 씨가 심드렁하게 한 마디 한다.
"'저렴한 연사' 라는 딱지가 붙은 채 청중 앞에 나서는 게 어떤 기분일지 상상해 보라."

3 열정적으로 소개하라

 연사를 소개할 때 내용 못지않게 중요한 것이 태도이다. 다정한 느낌을 주려고 노력하라. 단지 참 기쁘다고 말하는 대신, 정말 기쁜 마음으로 소개를 하라. 서서히 분위기를 달구다가 마지막에 연사의 이름을 밝힐 때 클라이맥스에 이르는 식으로 소개하면 기대감이 높아지고 청중도 연사에게 더욱 힘찬 박수를 보낼 것이다. 청중이 이렇게 좋은 반응을 보여주면 연사도 최선을 다하겠다는 의지를 더욱 다잡게 된다.

 소개의 마지막 부분에서 연사의 이름을 발표할 때는 '정지(pause)' '분리(part)' '강세(punch)'라는 세 단어를 기억해 두는 것이 좋다. '정지'는 이름을 공개하기 직전에 잠깐의 침묵이 기대감을 끌어올린다는 의미이다. '분리'는 성과 이름 사이에 약간의 시차를 두고 발음함으로써 청중에게 연사의 이름을 더 선명하게 각인시킨다는 말이다. '강세'는 이름을 강하게 힘주어 발음해야 한다는 뜻이다.

 주의해야 할 점이 하나 더 있다. 연사의 이름을 발음할 때, 제발 그를 돌아보지 말고 계속 청중에게 시선을 두고 있다가 마지막 음절을 내뱉을 때 연사 쪽으로 고개를 돌려라. 나는 사회자들이 기껏 소개를 잘해 놓고는 마지막에 연사를 돌아보며 그 사람만 알아들을 수 있도록 이름을 발음하고 청중은 그의 이름을 전혀 모르게 하여 다 된 밥에 코 빠뜨리는 경우를 수도 없이 보았다.

4 따뜻한 마음과 진심을 담아라

 마지막으로, 반드시 진실해야 한다. 비난하는 듯한 발언이나 조롱조의 유머를 삼가라. 농담조의 소개말은 일부 청중들에 의해 잘못 해석될 때가 많다. 따뜻하고 진실한 모습을 보여라. 당신은 최고 수준의 수완과 재치를 발휘해야 하는 사회적 상황에 처해 있다. 당신은 연사를 잘 알지 모르지만, 청중은 그렇지 않다. 당신의 일부 발언은 악의는 없다 해도 오해의 소지가 있을 수 있다.

5 시상식 연설을 철저하게 준비하라

"인간의 가장 깊은 욕구는 인정받고 싶은 욕구임이 입증되었다. 바로 명예에 대한 욕구 말이다."

저자인 매저리 윌슨이 이런 글을 남겼을 때, 그녀는 보편적인 감정을 표현한 것이었다. 사람은 누구나 별 탈 없이 잘 살기를 바란다. 또 인정받기를 원한다. 공식적인 행사에서 증정되는 선물은 말할 것도 없고, 비록 말뿐이라 해도 누군가의 칭찬은 마술처럼 불끈 기운이 솟게 한다.

테니스 스타인 엘시어 깁슨은 이 '인간의 욕구'를 자신의 자서전 제목-《나는 대단한 사람이 되고 싶었다 *I Wanted To Be Somebody*》-을 통해 아주 적절하게 표현해 냈다.

시상식 연설을 할 때는 수상자에게 그가 정말 대단한 사람임을 확인해 주어야 한다. 그는 어떤 일에 성공했고, 영예를 얻을 자격이 있다. 우리는 그에게 이 영예를 전하기 위해 함께 모였다. 그에게 전하는 말은 간략하지만 신중하게 생각된 것이어야 한다. 이것이 상을 받는데 익숙한 사람들에게는 그리 크게 의미 있는 일이 아닐지 모르지만, 그렇지 못한 이들에게는 평생 잊지 못할 큰 사건일 수 있다.

따라서 경의를 표하는 말을 신중히 생각하여 선택해야 한다. 여기 시간의 시험을 통과한 공식이 있다.

1. 상을 수여하게 된 이유를 말하라. 그것은 오랜 기간의 봉사 때문일 수도 있고, 어떤 대회에서 우승했거나 아니면 하나의 주목할 만한 업적 때문일 수도 있다. 이것을 간단하게 설명하라.
2. 수상자의 삶과 활동에서 청중이 관심을 가질 만한 내용을 언급하라.
3. 수상자가 상을 받기에 얼마나 적합한 인물이며, 사람들이 그에게 얼마나 따뜻한 감정을 느끼는지 말하라.
4. 수상자를 축하하고 그의 앞날을 빌어주는 모든 사람의 축복을 전하라.

이 짧은 연설에서 진정성만큼 중요한 것은 없다. 아마 그렇게 말하지 않아도 모두가 이것을 알고 있을 것이다. 따라서 만약 당신이 시상식 연설을 하도록 선정되었다면, 당신도 수상자만큼이나 영예를 입은 것이다. 당신의 동료들은 머리는 물론 가슴이 필요한 이런 일을 하기에는 당신이 적임자라고 판단했다. 그렇다고 이런 기회를 이용하여 일부 연사들이 저지르는 실수를 해서는 안 된다. 그것은 바로 과장과 관련된 실수들이다.

이런 상황에서는 누군가의 미덕을 실제 이상으로 뻥튀기하기 쉽다. 만약 그가 상을 받을 자격이 있다면 그렇다고 말해야겠지만, 거기다 지나친 칭찬의 말을 덧대서는 안 된다. 과장된 칭찬은 수상자를 불편하게 하며, 사정을 더 잘 알고 있는 청중들을 납득시키지도 못한다.

또 우리는 선물 자체의 중요성을 과장하는 일도 삼가야 한다. 그것이 지닌 본질적 가치를 강조하는 대신, 그것을 주는 사람들의 따뜻한 마음에 방점을 찍어야 한다.

6. 수상 소감을 통해 진실한 감정을 표현하라

이것은 시상연설보다 훨씬 짧아야 한다. 그리고 외워서 하지 말라. 그러나 미리 준비하면 좋을 것이다. 만약 시상연설과 함께 선물을 받을 것을 알고 있다면, 감사의 말을 제대로 못해 당황하는 일이 있어선 안 된다. 그저 '감사합니다.' '제 인생 최고의 날입니다.' '제게 일어난 가장 놀라운 일입니다.' 정도로만 웅얼거리는 것은 그다지 좋지 않다. 여기서도 시상연설에서처럼 과장의 위험이 도사리고 있다. '최고의 날'과 '가장 놀라운 일'은 너무 많은 영역을 포괄한다. 이보다는 좀 더 온건한 언어로 진심어린 감사를 더 잘 표현할 수 있다. 다음의 형식을 이용해 보라.

1. 청중에게 진심으로 '감사합니다.'라고 말하라.
2. 동료, 고용주, 친구, 또는 가족 등 당신에게 도움을 준 사람들에게 감사의 뜻을 전하라.
3. 선물이나 상이 당신에게 어떤 의미가 있는지 말하라. 만약 포장이 되어 있다면 그것을 열고 내용물을 보여줘라. 청중에게 그것이 얼마나 유용하고 아름다운지, 그리고 그것을 어떻게 사용할 생각인지

말하라.
 4. 다시 한 번 진지한 감사 표현으로 마무리하라.

　이 단락에서 우리는 특별한 종류의 연설 세 가지를 살펴보았다. 일을 하다가, 또는 어떤 조직이나 클럽에 소속되어 있으면 언젠가 이런 연설을 해달라는 요청을 받을지도 모른다.
　그런 기회가 오면 이상의 제안들을 유념하기 바란다. 그러면 적시에 적절한 말을 하고 뿌듯한 만족을 느낄 수 있을 것이다.

2 긴 연설 구성하는 법

제정신인 사람치고 설계도 없이 집을 지으려고 하지는 않을 것이다. 그런데 그런 사람이 연설을 할 때는 왜 자신이 얻으려는 게 무엇인지에 대한 막연한 생각도 없이 시작하려는 걸까? 연설은 목적이 있는 여행과 같기 때문에 반드시 계획이 있어야 한다. 아무 계획도 없이 출발하는 사람은 대개 그 어디에도 이르지 못한다.

나는 할 수만 있다면 화술을 배우려는 학생들이 모이는 전 세계 모든 교실의 출입문 위에 붉은 색 글씨로 나폴레옹의 다음 말을 적어놓고 싶다.

"병법은 과학이다. 여기서는 철저히 계산되고 계획되지 않은 것은 그 어느 것도 성공할 수 없다."

그것은 전쟁만큼이나 말하기에도 적용되는 진리이다. 하지만 연사들은 이 사실을 알고 있을까? 혹시 알고 있다 해도 항상 그 원칙에 입각해서 행동할까? 그렇지 않다. 그들은 상당수가 연설을 준비할 때 아일랜드 스튜 한 그릇 만들 때보다 그저 약간 더 계획하고 생각할 뿐이다.

주어진 일련의 생각을 가장 효과적으로 배열하는 방법은 무엇일까? 직접 연구해 보기 전까지는 아무도 알 수 없다. 그것은 언제나 새로운 문제이며, 연사라면 누구나 스스로 반복해서 묻고 답해야 하는 영원한 질문이다. 완벽한 규칙은 없다. 하지만 그래도 청중의 행동을 자극하기 위한 비교적 긴 연설의 세 가지 주요 단계를 정리해 볼 수는 있다. 바로 주의 끌기 단계, 본론, 그리고 결론이다. 각 단계를 전개하는 데는 시간의 검증을 거친 몇 가지 효과적인 방법이 있다.

1 즉시 주의를 끌어라

예전에 노스웨스턴 대학 전 총장이던 린 헤롤드 휴 박사에게 연사로서의 오랜 경험을 통해 배운 가장 중요한 사실은 무엇이냐고 물은 적이 있다. 그때 그는 잠시 생각하더니 이렇게 대답했다.

"입을 열자마자 청중의 호의적인 관심을 자극할 수 있을 정도로 시작이 매우 매력적이어야 한다는 것입니다."

휴 박사는 모든 설득력 있는 언설의 핵심을 꿰뚫었다. 바로 어떻게 첫 마디부터 청중의 시선을 사로잡느냐의 문제이다. 다음은 첫 마디로 청중의 이목을 집중시킬 수 있는 몇 가지 방법들이다.

사건, 즉 사례로 시작하라

뉴스 분석가, 강연자, 그리고 영화 제작자로 세계적인 명성을 얻은 로웰 토머스는 아라비아의 로렌스에 관한 강연을 다음과 같이 시작했다.

> 예루살렘의 그리스도교인 거리(Christian Street)를 걷고 있던 어느 날, 저는 동양의 군주가 입을 법한 화려한

옷을 걸친 한 남자를 만났습니다. 그의 옆구리에는 예언자 모하메드의 후손들만이 찰 수 있는 약간 휜 황금빛 칼이 매달려 있었습니다.

토머스는 자신의 경험에 근거한 이야기로 입을 열었다. 이런 종류의 시작은 완벽에 가깝다. 실패할 염려가 거의 없다. 그것은 움직인다, 행진한다, 그리고 우리는 따른다. 왜냐하면 우리는 스스로 그 상황의 일부가 되며, 무슨 일이 일어날지 알고 싶기 때문이다. 나는 말문을 여는 방법으로 이야기를 이용하는 것 이상으로 더 강력한 방법은 알지 못한다. 내가 여러 번 했던 나 자신의 강연 중 하나는 이렇게 시작된다.

대학을 졸업한 직후의 어느 날 밤, 저는 사우스다코타 주 휴런 시의 한 거리를 걷고 있었습니다. 그때 한 남자가 상자 위에 올라 사람들에게 말을 하고 있더군요. 무슨 이야기를 하나 싶어 그 무리에 끼게 되었습니다. 그 남자가 말했습니다. "여러분은 인디언 중에 대머리가 없다는 사실을 알고 계십니까? 대머리 여성도 본 적이 없으시지요? 이제부터 그 이유를 말씀드리겠습니다."

시간을 끌어서도 안 되고, '워밍업' 용의 발언을 해서도 안 된다. 바로 사건 이야기로 직행하면 쉽게 청중의 주의를 사로잡을 수 있다.

자신의 경험에 근거한 이야기로 운을 떼는 연사는 안전하다. 적당한 말을 찾아 입을 더듬거릴 필요도 없고 생각이 끊길 여지도 없기 때문이다. 그가 이야기하는 경험은 그 인생의 일부, 존재의 한 측면을 재생한 것이다. 그 결과는 어떨까? 태도에 자신감이 넘치고 여유가 생기면서 연사와 청중 사이에 우호적인 관계가 형성되게 한다.

긴장감을 조성하라

포웰 힐리 씨는 필라델피아의 펜 애슬레틱 클럽에서 다음과 같이 연설을 시작했다.

82년 전, 런던에서 한 작은 책이 출판되었습니다. 그것은 영원한 고전이 될 운명이었지요. 많은 이들은 그것을 '세상에서 가장 위대한 작은 책'이라 불렀습니다. 그 책이 처음에 나왔을 때, 스트랜드 거리나 펠멜 거리에서 만난 친구들은 서로에게 물었습니다. "그 책 읽어봤어?" 대답은 하나같이 똑같았습니다. "물론이지. 그에게 신의 축복이 있기를!"

  그 책이 출판된 날에는 1,000부가 팔렸습니다. 2주일이 지나지 않아 15,000부가 나갔지요. 그 이후 판을 거듭하며 만국의 언어로 번역되었습니다. 몇 년 전에 J. P. 모건은 엄청난 값을 주고 그 책의 원본 원고를 구입했으며, 지금 그의 웅장한 미술관에 귀중한 보물들과 함께 전시되어 있습니다. 세계인의 사랑을 받은 이 유명한 책은 무엇일까요? 그것은…….

어떤가? 관심이 동하는가? 더 알고 싶은가? 연사는 청중의 호의적인 관심을 끌었는가? 당신은 이 서두가 당신의 주의를 사로잡고, 더 진행하면서 당신의 관심을 고조시켰다고 느끼는가? 왜 그럴까? 그것이 당신의 호기심을 자극하여 지속적 긴장감을 느끼게 했기 때문이다.

  호기심! 세상에 이걸 이길 장사가 누가 있겠는가?

  아마 당신도 그럴 것이다. 당신도 그 책이 어떤 책이며 작가가 누구인지 궁금하지 않은가? 이제 호기심을 충족해 드리겠다. 작가는 찰스 디킨스이며 책은 《크리스마스 캐럴》이다.

  긴장감을 조성하는 것이야말로 청중의 흥미를 동하게 할 수 있는 확실한 방법이다. 나는 '걱정을 멈추고 새 삶을 시작하는 법'에 대한 강의를 할 때 이런 식으로 서스펜스의 분위기를 조성한다.

"1871년 봄, 세계적인 의사가 될 운명이었던 청년 윌리엄 오슬러는 책을 한 권 집어 들었습니다. 그리고 거기서 그의 미래에 지대한 영향을 준 스물한 단어로 된 글을 발견했습니다."

그 스물한 단어는 무엇이었을까? 이 말은 그의 미래에 어떻게 영향을 주었을까? 청중은 이 질문에 대한 답을 듣기 위해 귀를 곤두세울 것이다.

주목을 끄는 사실을 이야기하라

펜실베이니아 주립대학 결혼상담소 소장인 클리포드 R. 애덤스는 <리더스 다이제스트>에 '짝을 찾는 법'이라는 제목의 글을 기고했다. 그리고 그것은 숨이 턱 막힐 정도의 놀라운 사실들로 시작되었다. 그것은 처음부터 듣는 이의 시선을 사로잡는 사실들이었다.

오늘날 우리 젊은이들이 결혼을 통해 행복해질 가능성은 정말 희박하다. 이혼율 증가는 소름이 끼칠 정도이다. 1940년의 결혼 실패율은 다섯, 혹은 여섯 쌍 중 하나이며, 1946년이면 네 쌍 중 하나가 될 것으로 예상된다.

이런 흐름이 장기화되면 50년 후에는 두 쌍 중 한 쌍이 이혼하게 될 것이다.

아래에 '주목을 끄는 사실들'로 시작하는 사례를 두 개 더 소개한다.

"육군성의 예측에 따르면, 핵전쟁이 일어나면 첫날밤에 미국인 2,000만 명이 사망한다고 합니다."

"몇 년 전, 스크립스-하워드 신문사는 176,000달러를 들여 소비자가 소매점에 대해 느끼는 불만이 무엇인지 조사했습니다. 그것은 소매 판매 문제와 관련하여 실시된 가장 비용이 많이 들고 가장 과학적이며 가장 철저한 조사였습니다. 16개 도시의 54,047세대에 설문지를 돌렸습니다. 설문 항목 중에 '이 지역 매점들의 마음에 안 드는 점은 무엇입니까?'라는 질문이 있었습니다.

그 질문에 대한 모든 답변의 거의 5분의 2가 똑같았습니다. 바로 점원이 불친절하다는 것이었지요."

시작부터 이렇게 놀랄 만한 사실들로 깜짝 발언을 하는 방법은 청중과 밀착된 관계를 형성하는데 효과적이다. 그것이 그들의 신경을 자극하기 때문이다. 이 방식은 연설 주제로 주의를 끌어오기 위해 예상치 못한 이야기로 불시에 기습을 하여 시선을 사로잡는 일종의

'충격요법'이다.

워싱턴 D. C.의 우리 수강생 한 명은 호기심을 자극하는 이 방법을 아주 효과적으로 사용했다. 그녀의 이름은 메그 쉐일이었고, 이렇게 말문을 열었다.

"저는 10년간 감옥에서 살았습니다. 일반적인 감옥은 아니었습니다. 그것은 제 열등감에 대한 걱정이라는 벽으로 사방이 가로막히고 비판에 대한 두려움이라는 쇠창살이 쳐진 감옥이었습니다."

어떤가? 이 실제 경험과 관련된 이야기에 대해 더 많은 것을 알고 싶지 않은가?

하지만 청중의 허를 찌르듯 연설을 시작하는 방법에는 피해야 할 위험이 있다. 바로 지나치게 극적이거나 너무 선정적이 되는 경향이다. 전에 공중에 대고 권총을 쏘는 방법으로 강연을 시작한 연사를 본 적이 있다. 물론 그는 청중의 주의를 끄는 데는 성공했지만, 동시에 그들의 고막을 성치 못하게 했다.

처음에는 대화하듯 시작하라. 서두가 자연스러운 대화체인지 알아볼 수 있는 좋은 방법은 저녁 식탁에서 사용해 보는 것이다. 첫 마디가 저녁 식탁에서 입에 올려도 될 정도로 자연스럽지 않다면, 그것은 아마 청중의 귀에도 자연스럽게 들리지 않을 것이다.

그러나 청중의 관심을 자극해야 할 연설의 서두가 실제로는 가장 지루한 부분이 되는 경우가 많다. 가령, 최근에 나는 한 연사가 이렇게 시작하는 것을 보았다.

"주님을 믿고 여러분 자신의 능력을 신뢰하십시오."

이런 시작은 훈계하는 듯한 속이 빤히 들여다보이는 방식이다. 하지만 그의 두 번째 문장에 주목하라. 그것은 흥미롭고 가슴을 두근거리게 하는 힘이 있다.

"제 어머니는 1918년에 돈 한 푼 없이 아이가 셋이나 딸린 홀어미가 되셨습니다."

이 연사는 도대체 왜 아이 셋 딸린 홀어머니의 고생 이야기를 첫 문장으로 삼지 않았을까? 청중의 관심을 단번에 휘어잡고 싶다면 서론으로 시작하지 말고, 곧바로 이야기의 핵심으로 치고 들어가라.

프랭크 베트거는 그렇게 한다. 그는 《나의 영업 성공담 *How I Raised Myself From Failure to Success in Selling*》을 저술했다. 첫 문장으로 긴장감을 조성하는 데 있어 그는 가히 예술가라 할 만하다. 나는 안다. 그와 함께 미국 전역을 돌며 미국 청년상공회의소의 후원 하에 영업에 관한 강연을 했기 때문이다. 나는 그가 열정을 주제로 강연할 때 보여준 탁월한 기술에 감탄을 금치 못했다. 설교도 없었고 강의도 없었고 훈계도 없었다. 일반적인 발언도 없었다. 프랭크 베트거는 첫 문장에서 곧장 주제의 핵심으로 돌진했다. 그는 열정에 관한 연설을 이렇게 시작했다.

"프로야구 선수의 삶을 시작한 직후에 저는 제 인생에서 가장 큰 충격을 경험했습니다."

이런 첫머리가 청중에게 어떤 효과를 주었을까? 나는 그 자리에 있었기 때문에 알고 있다. 나는 청중의 반응을 보았다. 그는 즉시 모두의 주의를 휘어잡았다. 사람들은 그가 왜, 어떻게 충격을 받았으며, 어떻게 반응했는지 침을 꿀꺽 삼키며 다음 말을 기다렸다.

거수에 의한 의사표시를 요청하라

주의를 끄는 좋은 방법은 청중에게 어떤 질문을 던진 후 그에 대해 손을 들고 답하라고 요청하는 것이다. 예컨대, 나는 '피로 예방법'에 관한 내 강연을 이런 질문으로 시작했다.

"손들어보세요. 자신이 생각보다 빨리 피곤을 느낀다고 생각하는 분들은 얼마나 되죠?"

이 점에 주목하라. 거수에 의한 의사표시를 요청할 때는 보통 청중에게 당신이 그렇게 할 작정임을 미리 예고하는 것이 좋다. 이렇게 시작하지 말라.

"소득세를 내려야 한다고 생각하시는 분은 얼마나 되죠? 손들어 보세요."

그 대신 청중에게 거수 의사표시에 대비할 기회를 주어라. 가령, 이런 식이다.

"여러분에게 중요한 한 가지 질문에 대해 여러분의 생각을 알고 싶습니다. 질문은 이렇습니다. '경품 교환권이 소비자에게 이익을 준다고 생각하시는 분은 얼마나 되죠?'"

손을 들어 의견을 표해 달라고 요청하는 방법은 '청중의 참여'라는, 아주 중요한 반응을 얻어낸다. 이 방법을 이용할 때, 당신의 강연은 더 이상 일방적인 게임이 아니다. 청중도 함께 참여하는 것이다. "자신이 생각보다 빨리 피곤을 느낀다고 생각하는 분은 얼마나 되죠?"라고 물으면, 모두가 자신이 좋아하는 주제—자기 자신, 자신의 아픔, 자신의 피로—를 생각하기 시작한다. 청중은 자신의 손을 들고, 또 누가 손을 드나 주위를 둘러보기 쉽다. 그들은 자신이 강연을 듣고 있다는 생각은 잊어버린다. 그들은 웃는다. 옆자리에 앉아 있는 친구에게 고개를 끄덕인다. 딱딱한 분위기가 부드러워진다. 연사인 당신도 편안해지고 청중도 그렇게 된다.

원하는 것을 얻는 법을 알려주겠다고 약속하라

청중의 관심을 확 끌어오는 거의 틀림없는 방법은 당신의 제안을 따를 때 그들이 어떻게 원하는 것을 얻을 수 있을지 알려주겠다고 약속하는 것이다. 다음이 몇 가지 예들이다.

"여러분에게 피로 예방법을 알려드리겠습니다. 맑은 정신으로 깨어 있는 시간을 하루에 한 시간 더 추가할 수 있는 방법이 있습니다."

"여러분의 소득을 크게 높일 수 있는 방법을 알려드리겠습니다."

"약속드리겠습니다. 10분간만 제 말씀을 들으시면 더 인기 있는 사람이 될 수 있는 한 가지 확실한 방법을 알려드리지요."

약속을 하는 방식으로 말문을 여는 것은 확실하게 청중의 관심을 자극할 수 있다. 그것은 청중의 자기이익과 곧장 연결되기 때문이다. 연사들은 자신의 주제를 청중의 주요 관심사와 연결시키는 일에 소홀한 경우가 너무 많다. 그들은 관심의 문을 열기는커녕 주제의 역사를 추적하거나 주제 이해에 필요한 배경을 너무 길게 늘어놓는 지루한 서론으로 그 문을 쾅 닫아버린다.

몇 년 전에 들은 한 강연이 기억난다. 그 강연의 주제

자체는 청중에게 중요했다. 바로 주기적인 건강검진의 필요성에 대한 것이었다. 그런데 강연자는 시작을 어떻게 했을까? 강력하고 인상적인 말머리로 그의 주제가 지닌 본래의 호소력을 배가시켰을까? 아니다. 그는 이 주제의 역사를 지루하게 설명하는 것으로 시작했고, 청중은 곧 그와 그의 주제에 대한 흥미를 잃기 시작했다. '약속' 기법을 활용해서 이야기를 시작했더라면 훨씬 좋았을 것이다. 가령 이런 식이다.

자신이 앞으로 얼마나 오래 살지 알고 계십니까? 생명보험사들이 수백만 명의 수명과 관련된 자료에서 뽑아낸 기대수명 통계를 토대로 이것을 예측했습니다. 그에 따르면, 여러분은 80세에서 현재 나이를 뺀 햇수의 3분의 2의 시간을 더 사실 수 있다고 합니다. ……이 정도면 충분히 오래 사는 걸까요? 아닙니다. 아니지요. 우리는 모두 그보다는 더 오래 살기를 바라며 이 예측이 틀렸다는 것을 입증하고 싶어 합니다. 하지만 이것을 어떻게 할까요? 통계학자들이 말하는, 충격적일 정도로 적은 우리의 남은 시간을 어떻게 연장할 수 있을까요? 방법이 없지 않습니다. 이제부터 그 방법을 말씀드리겠습니다.

이런 서두가 과연 당신의 호기심을 발동시킬 수 있을까? 당신은 그의 말에 귀를 쫑긋 세울 수밖에 없을 것이다. 왜냐하면 그는 당신과 당신의 수명에 대해 말하는 것만이 아니라, 당신에게 개인적으로 상당한 가치를 지닌 뭔가를 말해 주겠다고 약속했기 때문이다. 여기서는 개인과 관련 없는 사실들을 지루하게 읊어대지 않는다. 이런 시작은 외면하기가 거의 불가능하다.

전시물을 이용하라

아마 청중의 시선을 끌 수 있는 세상에서 가장 쉬운 방법은 그들이 볼 수 있는 뭔가를 들어 올리는 일일 것이다. 가장 단순한 것에서 가장 복잡한 것에 이르는 거의 모든 생명체는 이런 종류의 자극에 반응을 보이게 마련이다. 이 방법은 가장 위엄 있는 청중들 앞에서도 효과적으로 사용될 수 있다. 가령, 필라델피아 출신의 S. S. 엘리스 씨는 우리의 수업에서 엄지와 검지 사이에 끼운 동전을 어깨 위로 높이 들어 올리면서 강의를 시작했다. 당연히 모든 학생이 그리로 시선을 돌렸다. 그러자 그가 물었다.

"길가에서 이런 동전을 주우신 분 있나요? 이 운 좋은 사람은 지금 개발 중인 모 지역의 일부 땅을 공짜로 받게 될 거라는군요. 그냥 이 동전을 제시하기만 하면 되는 겁니다."

이어서 엘리스 씨는 이와 관련된 비윤리적이고 사람들을 호도하는 관행들을 비난했다.

앞서 말한 방법들은 모두 추천할 만하다. 그것들은 따로따로 이용할 수도 있고 결합해서 사용할 수도 있다. 청중이 당신과 당신의 메시지를 받아들일 것인지의 여부는 대체로 말을 어떻게 시작하느냐에 달려 있다는 사실에 유의하라.

2 비호의적인 관심은 피하라

거듭 강조하거니와 당신은 청중의 관심을 얻어야 하는 것만이 아니라, 그들의 호의적인 관심을 얻어야 한다는 사실을 명심하라. 호의적인 관심이라고 했다. 제정신인 사람치고 초장부터 청중을 모욕하는 말이나 정나미 떨어지는 불쾌한 발언으로 말문을 여는 연사는 없을 것이다. 하지만 다음의 방법들 중 어느 하나를 통해 주의를 끄는 방법으로 말을 시작하는 연사들이 아주 많다.

사과나 변명으로 시작하지 말라

사과나 변명으로 말머리를 삼는 것은 좋은 출발이 아니다. 준비를 제대로 못 했다느니 능력이 없다느니 하는 말로 시작하여 청중의 이해와 동정을 구걸하는 연사들이 적지 않다, 만약 준비가 안 되어 있다면, 굳이 말해 주지 않아도 청중은 그것을 알아볼 것이다. 준비를 안 했다는 것은, 애써 준비할 필요를 못 느낄 만큼 청중을 대단하게 여기지 않았다는 의미로 해석될 수 있다. 굳이 그런 뜻을 내비쳐서 그들을 모욕할 이유가 뭔가? 우리가 원하는 것은 사과가 아니다. 우리는 정보를 얻고 흥미를 느끼기 원한다. 잊지 마라. 청중은 흥미를 느끼고 싶어 한다. 첫 문장으로 청중의 흥미를 돋워라. 두 번째 문장도 아니고 세 번째 문장도 아니다. 첫 문장이다!

우스갯소리로 시작하지 말라

연설을 시작하는 방법 중에 여기서는 권장하지 않지만, 많은 연사들이 애용하는 방법이 하나 있다. 그것은 '웃기는' 이야기로 시작하는 것이다. 어떤 통탄할 만한 이유로 초보자는 자기에게 마크 트웨인의 영이 강림하기라도 한 듯, 농담을 통해 자신의 강연을 '가볍게' 해야 한다고 느낀다. 이 함정을 경계하라. '웃기는' 이야기는 웃기기보다는 한심하게 느껴지는 경우가 더 많기 쉽다. 또 그 웃기는 이야기는 청중들도 알고 있는 이야기일지 모른다.

그러나 어떤 연사에게나 유머 감각은 귀중한 자산이다. 연설을 무겁고 딱딱하고 지나치게 엄숙하게 시작할 필요는 없고 또 그렇게 될 필요도 없다. 전혀 그렇지 않다. 만약 당신에게 해당 지역의 상황, 혹은 그 행사나 앞서 강연한 연사의 발언과 관련된 어떤 재치 있는 언급으로 청중의 웃음 감각에 간지럼을 태울 능력이 있다면, 그 능력을 최대한 활용하라. 어떤 모순을 간파하고 그것을 과장하라. 그런 종류의 유머는 어떤 코미디 프로그램이나 장모님, 혹은 기괴한 동물들과 관련된 따분한 농담보다는 성공할 가능성이 높다. 왜냐하면 그것은 상황과 관련이 있고 독창적이기 때문이다.

아마 청중의 웃음보를 자극할 수 있는 가장 쉬운 방법은 자기 자신에 관한 이야기를 하는 것이다. 어떤 우스꽝스럽고 당혹스런 처지에 빠진 자신의 모습을 묘사하라. 이것이 유머의 본질이다. 잭 베니는 오랫동안 이 방법을 이용했다. 그는 자신을 웃음거리로 삼은 최초의 주요 라디오 코미디언 중 하나였다. 자신의 바이올린 연주 실력, 구두쇠 성격, 그리고 나이를 웃음의 소재로 이용함으로써 그는 매년 청취율 상위를 유지하게 하는 풍부한 유머의 광맥을 찾을 수 있었다.

청중은 유머적인 문맥에서 자신의 결점과 실패에 주의를 환기시키는 방법으로 은근슬쩍 자신을 깎아내리는 연사들에게 머리와 가슴을 모두 열어젖힌다. 반면 너무 딱딱한 사람이라거나 모르는 게 없는 전문가라는 인상을 주면 냉담해지고 마음의 문을 닫아건다.

3 이야기의 요점을 보강하라

행동을 촉구하는 비교적 긴 강연에서는 요점이 몇 개 정도 될 것이다. 적을수록 좋다. 하지만 그것들 모두 보충자료가 필요할 것이다. 앞서 말한 〈행동 촉구를 위한 짧은 연설〉에서 연설의 요점, 즉 당신이 청중에게 촉구하는 행동을 뒷받침하는 한 가지 방법을 살펴보았다. 바로 당신이 살면서 겪은 경험담으로 보강하는 것이다. 이런 종류의 사례가 인기 있는 이유는 그것이 인간의 기본적인 욕구에 호소하기 때문이다. 이 욕구는 '인간은 누구나 이야기를 좋아한다.'는 말에 요약되어 있다. 사건이나 우연히 일어난 일이 보통 연사들이 가장 자주 이용하는 종류의 사례이지만, 그것이 요점을 보강할 수 있는 유일한 방법은 절대 아니다. 과학적으로 분류된 실례에 불과한 통계자료나 전문가의 증언, 비유, 전시물, 또는 증명 등을 활용할 수도 있다.

통계자료를 이용하라

통계는 특정 종류의 사례들의 비율이 얼마나 되는지를 보여주는데 이용된다. 그것은 특히 하나의 고립된 사례로는 충분하지 않을 때, 보강 증거로써 인상적이며 설득력을 지닐 수 있다. 솔크(Salk) 소아마비 백신 프로그램의 효능은 전국에서 수집한 통계를 기초로 측정되었다. 효과가 없던 고립된 사례들은 일반적인 사실을 입증하는 예외에 해당했다. 대부분은 효과가 있었다는 말이다. 따라서 이 예외 중 어느 하나에 기초한 이야기로는 부모에게 솔크 백신 프로그램이 자기 아이를 지켜주지 못하리라는 생각을 갖게 하지 못할 것이다.

통계자료 그 자체는 따분할 수 있다. 그것은 적절하게 사용되며, 생생하고 사실적으로 만들어주는 언어로 설명해야 한다.

다음에 통계자료를 우리에게 친숙한 것들과 비교함으로써 인상적으로 보이게 만든 한 사례를 소개한다. 뉴욕 시민들이 전화를 즉시 받지 않음으로써 엄청난 시간이 허비된다고 설명하던 한 임원은 이런 식으로 자신의 요점을 보강했다.

연결되는 전화 100건당 상대가 1분 넘게 뜸을 들이다가 수화기를 드는 경우는 7건 정도입니다. 이런 식으로 매일 28만 분이 낭비됩니다. 6개월간 뉴욕에서 이런 식으로 허비된 시간은 콜럼버스가 아메리카를 발견한 이후 현재까지의 모든 업무 일수를 합한 것과 같습니다.

단순한 수치와 양은 그 자체로만 제시되면 결코 인상적이지 못하다. 그들은 실례를 들어가며 설명하고, 가능하다면 우리의 경험에 비추어 설명해야 한다. 전에 그랜드 쿨리 댐 밑에 지어진 거대한 동력실에서 한 안내원의 강연을 들은 적이 있다. 그는 그 동력실의 크기를 몇 제곱피트라며 숫자만으로 표현할 수도 있었지만, 만약 그랬다면 듣는 사람의 귀에 그리 실감나게 들리지 않았을 것이다. 그 대신 그는 그 방이 10,000명의 군중이 규정된 크기의 운동장에서 축구 경기를 관람할 수 있을 정도로 크며, 그러고도 양 끝에 테니스 코트 몇 개가 들어설 수 있을 정도의 공간이 남는다고 말했다.

여러 해 전에 내 강좌 수강생 한 명이 연설 중에 그 전해의 화재로 불타버린 집들의 수가 얼마나 되는지를 알려준 적이 있다. 거기서 더 나아가 그는 만약 이 불타 없어진 건물들을 나란히 늘어놓으면 그 줄이 뉴욕에서 시카고에까지 이를 것이며, 그 화재로 사망한 사람들을 반마일 간격으로 배치한다면 그 섬뜩한 줄은 시카고까지 갔다가 다시 브룩클린으로 돌아올 정도가 될 거라고 덧붙였다.

그때 들은 숫자는 거의 금방 잊었지만, 수년의 시간이 흐른 뒤 전혀 기억하려고 노력하지도 않았는데 내

눈에는 여전히 맨해튼 섬에서 일리노이 주의 쿡 카운티까지 이어진 불타고 있는 건물들의 줄이 보이는 듯하다.

전문가의 증언을 이용하라

전문가의 증언을 이용하면 연설 본론에서 전하려는 요점을 효과적으로 보강할 수 있는 경우가 많다. 증언을 빌려오기 전에 다음 세 가지 질문에 답함으로써 그것을 검증해야 한다.

1. 내가 인용하려는 말이 정확한가?
2. 그것은 이 사람의 전문 분야와 관련된 것인가? 경제학에 관한 이야기를 하면서 복싱 챔피언 조 루이스를 인용하는 것은 분명 그의 장기가 아니라 그의 이름을 이용하는 것이다.
3. 그 인용문은 청중이 잘 알고 존경하는 인물의 것인가?
4. 그 진술이 개인적 관심이나 편견이 아닌, 직접적인 지식에 근거한다고 확신하는가?

오래 전, 브룩클린 상공회의소에서 열린 내 강좌의 수강생 한 명이 전문화의 필요성에 대한 연설을 앤드루 카네기의 말을 인용하면서 시작했다. 그의 선택은 현명한 것이었을까? 그렇다. 사업의 성공에 대해 말할 자격이 있는 사람으로 청중의 존경을 받는 인물의 말을 정확하게 인용했기 때문이다. 그 인용문은 오늘날에도 거듭 강조할 만한 가치가 있다.

어떤 일이든 그 분야에서 크게 성공하려면 그 분야의 달인이 되어야 한다고 믿는다. 나는 자신의 자원을 분산 투자하는 방식은 믿지 않는다. 나는 여러 가지 일에 관심을 가졌던 사람치고 돈벌이에 크게 성공한 사람은 좀처럼 보지 못했다. 제조업 분야에서는 확실히 한 사람도 못 보았다. 성공한 인물들은 한 분야를 선택해서 거기에 매달린 사람들이다.

비유를 이용하라

웹스터 사전은 비유를 '사물들 자체가 아닌 둘 이상의 속성, 상황, 또는 효과가 비슷한 두 사물 사이의 유사성의 관계'라고 정의한다.

비유를 사용하는 것은 중심 내용을 뒷받침하는 좋은 방법이다. 다음은 C. 지라드 데이비슨이 내무부 차관으로 있을 때 '전력 증대의 필요성'에 대해 강연한 내용을 발췌한 것이다. 그가 어떻게 비교와 비유를 이용하여 자신의 요지를 보강하는지 주목하라.

> 번영하는 경제는 계속 앞으로 나아가야 합니다. 그렇지 않으면 갑자기 무너지게 되어 있지요. 그것은 비행기와 비슷합니다. 땅 위에 가만히 서 있을 때는 너트와 볼트로 조립해 놓은 쓸모없는 쇳덩어리에 불과합니다. 하지만 하늘로 솟구치면 제 역량과 기능을 발휘하게 되지요. 계속 떠 있으려면 부단히 앞으로 움직여야 합니다. 움직이지 않으면 추락합니다. 뒤로 움직일 수는 없습니다.

여기 웅변 역사상 가장 뛰어나다고 할 만한 비유가 하나 더 있다. 그것은 남북전쟁의 중요한 시기에 링컨이 자신을 비판하는 사람들을 상대로 사용했던 것이다.

> 여러분, 잠시 이런 경우를 가정해 보십시오. 여러분의 전 재산이 금으로 되어 있는데, 그것을 유명한 곡예사 블롱댕의 손에 맡긴 후 그에게 그것을 든 채 줄을 타고 나이아가라 폭포를 건너게 한다고 가정해 보시라는 겁니다. 여러분은 그가 건너는 동안 그 줄을 흔들어대시겠습니까, 아니면 '이봐 블롱댕, 몸을 좀 더 숙여! 좀 더 빨

제5장 효과적인 말하기의 실제 ■ 319

리 가!'라고 계속 소리를 질러대시겠습니까? 아니지요. 틀림없이 여러분은 그러지 않을 겁니다. 여러분은 입을 다무는 것은 물론 숨까지 죽이고 그가 무사히 건널 때까지 일절 참견하지 않을 겁니다. 지금 정부도 똑같은 상황에 처해 있습니다. 지금 그들은 산더미 같은 짐을 지고 폭풍 이는 바다를 건너고 있습니다. 그 짐 속에는 실로 엄청난 보물이 담겨 있지요. 그들은 가능한 최선을 다하고 있습니다. 그들에게 자꾸 졸라대지 마십시오. 그저 가만히 계시면 여러분을 안전하게 인도할 것입니다.

전시물을 이용해서,
아니면 그냥 몸으로 시연해 보여라

아이언 파이어맨사의 간부들은 거래상들과 대화할 때, 연료를 난로 위가 아니라 밑에서 주입해야 한다는 사실을 극적으로 전달할 수 있는 방법이 필요했다. 그래서 그들은 간단하지만 인상적인 다음의 시연 방법을 생각해 냈다. 연사가 초에 불을 붙인 후 이렇게 말한다.

불이 얼마나 밝게 타는지, 불꽃이 얼마나 높은지 잘 보십시오. 거의 모든 연료가 열로 전환되기 때문에 사실 연기가 전혀 발생되지 않습니다.

촛불의 연료는 밑에서부터 공급됩니다. 아이언 파이어맨이 난로에 연료를 주입하는 방식과 같지요.

이 촛불이 손으로 연료를 넣는 난로처럼 위에서 연료를 공급받는다고 상상해 보십시오.(여기서 연사는 초를 거꾸로 든다.)

불꽃이 어떻게 꺼져 가는지 보십시오. 연기 냄새도 맡아보시고 직직 소리도 들어보시고요. 불꽃이 굉장히 빨갛지요? 불완전연소 때문입니다. 마침내 불이 꺼집니다. 비효율적으로 위에서 연료를 주입한 결과입니다.

몇 년 전, 헨리 모턴 로빈슨은 <유어 라이프>라는 잡지에 '변호사가 승소하는 법'이라는 재미있는 기사를 썼다. 거기서 그는 아베 험머라는 변호사가 손해배상 소송에서 보험회사 측을 대변하는 동안 얼마나 효과적이고 극적으로 쇼맨십을 발휘했는지를 설명한다. 고소인인 포슬스웨이트 씨는 엘리베이터 통로 아래로 떨어지는 바람에 어깨에 심한 부상을 입어 오른팔을 들 수 없다고 말했다.

험머는 크게 걱정하는 듯한 표정이었다. 그리고 자신 있게 말했다. "포슬스웨이트 씨, 배심원 앞에서 팔을 얼마나 들어 올릴 수 있는지 보여주십시오." 포슬스웨이트 씨는 조심스럽게 팔을 귀 높이까지 들어 올렸다. 험머가 또 요청했다. "이제 부상을 당하기 전에는 어느 정도까지 올릴 수 있었는지 보여주십시오." 그러자 고소인은 "이 정도까지요."라고 말하며, 팔을 자기 머리 위로 한껏 치켜 올렸다.

이런 시연에 배심원이 어떤 반응을 보였을지 당신은 스스로 판단할 수 있을 것이다.

행동을 자극하는 비교적 긴 연설에서는 세 개, 아니면 많아야 네 개의 요점을 전달하게 될 것이다. 이를 전하는 데는 1분도 안 걸릴 수 있다. 그들을 그냥 읊어대면 따분하고 지루하게 들리기 쉽다. 이 요점들을 생동감 있게 전달하려면 어떻게 해야 할까? 바로 보충자료를 활용하는 것이다. 이것이 당신의 이야기에 생기와 흥미를 더해 주는 요소이다. 사건, 비유, 실제 시범을 이용하면 연설의 요지를 명확하고 생생하게 만들 수 있다. 그리고 통계자료와 증언을 동원하면 진실을 입증하고 요점의 중요성을 강조할 수 있다.

4 행동을 호소하라

어느 날, 기업가이자 인도주의자인 조지 F. 존슨에게 들러 잠시 이야기를 나눈 적이 있다. 당시 그는 알아주는 기업이었던 엔디콧-존슨사의 사장이었다. 그러나 내게 그보다 더 흥미로웠던 사실은 그가 청중을 웃게 하고 때로는 울게 하며, 그가 한 말을 오래도록 기억하게 하는 유능한 연사라는 사실이었다.

존슨은 개인 사무실이 없었다. 그 대신 크고 부산한 공장의 한쪽 구석을 사무실로 썼으며, 그의 태도는 그가 쓰는 오래된 나무 책상처럼 수수했고 가식이 없었다.

"아주 제때에 와주셨군요." 그가 일어나 나를 맞으며 말했다.

"막 일을 마쳤습니다. 오늘 밤 직원들에게 할 강연을 끝내면서 마지막으로 하고 싶은 말을 적어두었죠."

"할 말을 처음부터 끝까지 마음속에 깔끔하게 정리해 두면 늘 안심이 되지요." 내가 말했다.

"아, 아직 마음속에 다 정리가 되지는 않았어요." 그가 대답했다.

"그저 대강의 내용과 구체적으로 어떻게 끝낼 것인가만 윤곽을 잡아뒀죠."

제5장 효과적인 말하기의 실제 ▪ 323

존슨 씨는 전문 연설가가 아니었다. 그는 울림을 주는 말이나 멋진 표현에는 전혀 관심이 없었지만, 경험을 통해 성공적인 의사소통의 비결 하나를 체득했다. 바로 강연이 좋게 받아들여지려면 끝이 좋아야 한다는 것이다. 그는 연설이 청중에게 감동을 주려면 결론 이전의 모든 내용이 끝까지 논리정연하게 전개되다가 결론 부분에서 강력한 힘으로 폭발해야 한다는 사실을 잘 알고 있었다.

결론은 연설에서 전략적으로 가장 중요한 부분으로, 연설이 끝난 후에도 이 마지막 말이 청중의 귓가에 맴돌고 가장 오래 기억될 가능성이 높다. 그런데 존슨 씨와 달리 초보자들은 좀처럼 결론의 중요성을 이해하지 못한다. 그래서 그들의 마무리에는 미흡한 점이 적지 않은 것이다.

그들의 가장 흔한 실수는 무엇일까? 몇 가지를 살펴보고 해법을 찾아보자.

첫째, '이 문제에 대해 제가 할 말은 다한 것 같습니다. 이제 끝내야 할 것 같군요.' 식으로 마무리를 짓는 사람이 있다. 이런 연사는 대개 자신 없는 목소리로 '감사합니다.' 라고 말함으로써 연설의 끝맺음이 부실한 것에 대해 연막을 친다. 이것은 끝이 아니다. 그것은 실수이며, 거의 용서할 수 없는 죄이다. 아마추어 냄새를 물씬 풍긴다. 정말 그걸로 할 말을 다한 거라면, 구태여 이제 마치겠다는 말을 할 필요도 없이 그냥 바로 끝내고 자리에 앉는 것이 낫다. 그리고 그걸로 할 말 다했는지에 대한 추측은 청중의 판단에 맡기는 것이 안전하고 센스 있는 일이다.

또 할 말을 다해 놓고는 어떻게 끝내야 할지를 모르는 연사가 있다. 아마 황소의 뿔 대신에 꼬리를 잡으라고 충고한 사람은 유머작가 조쉬 빌링스였을 것이다. 그래야 놓기가 더 쉽기 때문이다. 그런데 이 연사는 황소의 앞다리를 잡고 있는 상황에서 그 짐승과 떨어지고 싶지만, 아무리 용을 써도 안전한 울타리나 나무 가까이에 이를 수 없다. 그는 결국 계속 맴을 돌며 같은 말을 반복하여 나쁜 인상을 남기게 된다.

어떻게 해야 할까? 끝을 계획해야 하지 않을까? 청중과 대면한 후에 연설의 긴장과 부담을 느끼며 지금 하고 있는 말에 온 신경을 써도 모자랄 판에 마무리까지 생각하는 것이 과연 현명한 일일까? 미리 조용하고 차분하게 계획해 두는 것이 상식적으로 타당한 일이 아닐까?

어떻게 하면 연설을 절정의 상태에서 멋지게 끝낼 수 있을까? 여기 몇 가지를 제안한다.

요약하라

비교적 긴 연설에서는 연사가 대개 이것저것 너무 많이 다루기 때문에 마지막에 청중들은 그가 전하려는 모든 주요 사항에 대해 약간 혼란을 느낄 수 있다. 하지만 이 사실을 깨닫지 못하는 연사들이 대부분이다. 그들은 자기에게는 이 요점들이 너무도 명백하기 때문에 청중에게도 당연히 그러하리라고 잘못 가정한다. 전혀 그렇지 않다. 연사는 자신의 생각을 꽤 오랫동안 숙고해 왔지만, 청중에게는 완전히 새로운 내용이다. 그것이 한 줌의 총알처럼 청중에게 내던져진다. 일부는 명중할 수도 있지만, 대부분은 혼란 속에서 그냥 굴러 떨어지기 쉽다. 셰익스피어의 말을 빌리면, 청중은 "여러 가지를 뭉텅이로 기억하기는 해도 또렷하게 기억하는 것은 하나도 없는" 상황에 직면하기 쉽다.

어떤 익명의 아일랜드 정치가는 이런 연설 방법을 배웠다고 한다.

"첫째, 당신이 무슨 말을 할 것인지 청중에게 말하라. 그리고 그것을 말하라. 다음에는 당신이 무슨 말을 했는지 말해 주어라."

'당신이 무슨 말을 했는지 청중에게 말해 주는 것'이 아주 바람직스러울 때가 많다. 여기 좋은 예가 있다. 시카고 철도회사의 운수 과장이던 한 연사는 다음과 같은 요약으로 연설을 마무리했다.

> 이제 정리하겠습니다. 이 차단 장치를 직접 사용해 본 경험, 동부와 서부와 북부에서 사용해 본 경험, 건전한 운영 원칙, 사고 방지를 통해 1년간 절감된 비용 등을 근거로 저는 우리 남부 지점에도 이것을 즉각 설치할 것을 강력히 권장하는 바입니다.

그가 어떻게 했는지 보이는가? 나머지 이야기는 듣지 않고도 보고 느낄 수 있을 것이다. 그는 전체 연설에서 전개한 사실상 모든 요점을 몇 개의 문장으로 요약했다. 이런 식의 요약이 유용할 것 같지 않은가? 그럴 것 같다면 이 기술을 당신의 것으로 만들어라.

행동을 요청하라

위에 인용한 결론은 행동을 촉구하는 마무리가 어떠해야 하는지를 아주 잘 보여주기도 한다. 연사는 어떤 일이 실행되기를 바랐다. 바로 자기 철도회사의 남부 지점에 차단 장치를 설치하는 것이다. 그는 행동 요청의 근거를 그것이 절감시켜줄 비용과 그것이 예방할 사고에 두었다. 연사는 행동을 원했고, 그의 뜻대로 되었다. 그것은 단순한 연습 연설이 아니었다. 그 연설은 철도회사 임원들 앞에서 행해졌고, 연사의 요청대로 차단 장치가 설치되었다.

행동에 대한 요청은 연설의 결론 부분에서 하게 된다. 그때 행동을 촉구하라. 그것이 무엇이든 당신의 청중에게 동참하고 기부하고 투표하고 글을 쓰고 전화하고 구매하고 보이콧하고 협력하고 조사하고 이행하라고 말하라. 하지만 다음의 경고 신호들을 잘 따라야 한다.

구체적으로 요청하라. '적십자를 도와주세요.' 라는 식으로 말하지 말라. 너무 막연하다. 그 대신 '오늘 밤, 이곳 스미스 거리 125번지에 있는 아메리칸 레드크로스에 입회비 1달러를 보내주십시오.' 라고 말하라.

청중의 힘으로 할 수 있는 어떤 반응을 요청하라. '우리 데몬 럼(Demon Rum, 미국의 금주운동단체가 알코올의 문제를 보여주기 위해 만든 일종의 캐릭터-옮긴이)에 반대표를 던집시다.' 라는 식으로 말하지 말라. 그건 할 수 없는 일이다. 지금 이 순간 우리는 데몬 럼을 두고 투표를 하는 게 아니다. 그 대신 금주협회에 가입하거나 금주를 위해 싸우는 어떤 조직에 기부를 해달라고 요청하는 것이 좋다.

청중이 가능한 쉽게 당신의 호소에 움직일 수 있게 하라. '여러분의 지역구 의원에게 편지를 써서 이 법안에 반대하게 합시다.' 라는 식으로 말하지 말라. 청중의 99퍼센트는 그 요구를 행동화하지 않을 것이다. 그들은 그런 일에 크게 관심이 없거나, 그 과정이 너무 번거롭다. 그도 아니면 그냥 잊어버릴 것이다. 그러므로 실행하기 쉽고 즐겁게 하도록 하라. 가령, 당신이 직접 당신의 지역구 의원에게 편지를 쓰는 것이다.

"아래 서명한 사람들은 귀하가 법안 74321번에 반대 표를 던질 것을 촉구합니다."

이 편지를 만년필과 함께 청중들에게 돌려라. 그러면 만년필은 잃어버릴지 모르지만, 서명은 많이 받아낼 수 있을 것이다.

3 배운 것 적용하기

내 강좌의 열네 번째 강의 시간에는 학생들이 이 책에 소개된 기법들을 자신의 일상생활에 어떻게 적용하는지 발표한다. 그때마다 나는 기분이 흐뭇하다. 영업사원들은 판매량이 증가했다고 하며, 관리자들은 승진하고 중역들은 통솔의 범위가 넓어졌다고 한다. 이 모든 것은 효과적인 말하기의 도구를 이용해서 지시를 하고 문제를 해결하는 기술을 높인 덕분이었다는 것이다.

N. 리처드 딜러는 <투데이스 스피치>라는 잡지에서 이렇게 썼다.

"말과 말의 종류, 말의 양, 그리고 이런 말을 할 때의 분위기는 산업의 의사소통 체계에서 생명소와 같은 역할을 할 수 있다."

제너럴 모터스사에서 데일 카네기 리더십 강좌를 맡고 있는 R. 프레드 캐너데이는 같은 잡지에 이런 글을 남겼다.

"제너럴 모터스가 스피치 훈련에 관심을 기울이는 중요한 이유 하나는, 정도의 차이는 있겠지만 모든 감독자가 기본적으로 교사라는 인식 때문이다. 구직자를 면접하는 순간으로부터 초기의 오리엔테이션 단계와 정식 부서 배치를 거쳐 승진을 시키는 단계에 이르기까지 감독자는 끊임없이 자기 부서의 각 사원에게 수많은 사안들을 설명하고 알리고 지시하고, 때로는 질책하며 함께 문제를 검토하고 토론해야 한다."

대중연설에 가장 근접한 분야-토론, 의사 결정, 문제 해결과 정책 수립 회의-에 이르기까지 구두 커뮤니케이션의 사다리를 한 칸씩 타고 오르는 과정에서 우리는 이 책에서 가르친 효과적인 말하기 기술들이 어떻게 일상적인 말하기 활동에 적용될 수 있는지를 다시금 확인하게 된다. 많은 사람 앞에서 설득력 있게 말하기 위한 규칙들은 회의에 참여하고 회의를 이끌어야 하는 상황에 바로 적용된다.

제시할 아이디어를 체계화하고 그것을 전달할 적절한 말을 선택하며 그것을 진지하고 열정적으로 전달하는 것은 마지막 해결 단계에서 그 아이디어의 생존을 보장해 줄 수 있는 요소들이다. 이 모든 요소들은 이 책에서 심도 있게 논의되었다. 이제는 독자가 자신이 참여하는 모든 회의에서 배운 것을 적용하는 일만 남았다.

배운 것을 적용하는 일은 언제 시작하는 것이 좋을지 궁금할지도 모르겠다. 한 마디로 답하면 아마 놀랄 수도 있겠지만, 나는 바로 '당장' 하라고 말한다.

비록 당분간은 대중 앞에 설 계획이 없다 해도, 당신은 이 책의 원칙과 기술들을 매일 써먹을 수 있음을 알게 될 것이다. 이 기술들을 지금 당장 사용하라고 말할 때, 나는 당신이 바로 다음에 말을 하게 될 상황을 의미하는 것이다.

당신의 일상적인 말하기 상황을 분석해 보면, 자신이 매일 하는 말과 이 책에서 다룬 종류의 공식적인 의사소통의 목적이 얼마나 비슷한지를 보고 놀랄 것이다.

앞서 말한 <행동 촉구를 위한 짧은 연설>에서 여러 사람 앞에서 말할 때는 네 가지의 일반적인 목적 중 하나를 유념하라고 당부했다. 그 목적은 청중에게 정보를 제공하는 것, 그들을 즐겁게 하는 것, 당신의 입장이 옳음을 납득시키는 것, 또는 모종의 행동을 취하도록 설득하는 것이 될 수 있다. 대중 앞에서 연설을 할 때 우리는 말의 내용과 말하는 태도를 통해 이런 목적들을 구분하려고 한다.

일상적인 대화에서는 이런 목적들이 유동적이며 서

로 뒤섞이고 하루 중에도 끊임없이 변한다. 한순간에는 다정하게 수다를 떨다가 다음 순간에는 갑자기 제품 구매를 권하거나 자녀에게 은행에 돈을 저금하라고 설득하기도 한다. 이 책에 설명된 기술들을 일상 대화에 적용해 버릇하면, 더 효과적으로 자기 의사를 전달하고 생각을 더 효율적으로 이해시키며 타인의 마음을 움직일 수 있는 능력도 향상될 수 있다.

1. 일상 대화에서도 구체성과 디테일을 살려라

이 기술들 중 하나만 예를 들어보자. 앞서 말한 <말할 자격을 갖추어라>에서 이야기에 세부 묘사를 포함시키라고 주문했다. 그런 식으로 우리는 자신의 생각을 생생하고 생동감 있게 표현할 수 있다. 물론 나는 주로 대중연설을 염두에 둔 것이었다. 하지만 디테일을 살리는 것은 일상 대화에서도 중요하지 않을까? 잠시 당신이 아는 사람 중에 정말 대화를 재미있게 잘하는 사람을 떠올려보라. 그는 화려하고 극적인 세부 묘사로 이야기를 전개하며, 말로 그림을 그려낼 줄 아는 사람이 아니던가?

그런데 대화 능력을 향상시키려면 먼저 자신감이 있어야 한다. 그래서 처음 세 개 단락에서 말한 거의 모든 내용은 당신이 안심하고 다른 사람들과 어울리며 비공식적인 사교 모임에서 의견을 표현하게 하는데 유용할 것이다. 제한적으로나마 자기 생각을 표현하고 싶은 마음이 강해지면, 경험의 창고를 뒤적여 대화의 소재로 삼을 만한 재료를 찾아보게 될 텐데, 바로 여기서 놀라운 일이 일어난다. 이때 당신은 시야가 넓어지기 시작하고 자신의 삶이 새로운 의미로 다가오는 것을 확인하게 될 것이다.

    화술에 대한 지식을 소규모 대화 그룹에 적용했을 때 어떤 일이 일어났는지를 가장 열정적으로 이야기한 이들은 바로 관심의 범위가 다소 제한적일 수 있는 가정주부들이었다. R. D. 하트 부인은 같은 반 수강생들 앞에서 이렇게 말했다. "자신감이 새로 생기니까 사교행사에서 말할 용기가 생기더군요. 그리고 시사 문제에도 관심을 갖기 시작했지요. 사람들이 서로 주거니 받거니 하는 것을 멀뚱히 구경만 하는 대신 이제 적극 참여하게 되었습니다. 그뿐만 아니라 제가 한 모든 일이 이야깃거리가 되었고, 각종 새로운 활동에 관심을 갖게 되었습니다."

    교육자가 보기에 하트 부인의 말에는 전혀 새로울 것이 없다. 일단 배움에 대한 욕구와 배운 것을 적용하고자 하는 욕구가 자극을 받으면, 행동과 상호작용으로 이루어지는 일련의 연속적인 과정에 발동이 걸리며, 이것은 성격 전반에 생기를 불어넣는다. 이런 성취의 사이클이 확립되면 하트 부인처럼 성취감을 느끼게 된다. 이 모든 것은 이 책에서 가르친 여러 원칙 중 단 하나를 실천한데서 비롯된 것이다.

    우리 중에 전문교사인 사람들은 얼마 안 되지만, 인

간은 누구나 말을 이용하여 하루에도 여러 차례 남에게 어떤 정보를 전해 준다. 부모가 자녀에게 뭔가를 가르칠 때, 또는 이웃이 새로운 장미 가지치기 방법을 설명할 때, 아니면 관광객들이 가장 좋은 코스에 대한 생각을 주고받을 때, 우리는 끊임없이 생각을 명료하고 일관성 있게 전달하고 표현에 생기와 힘을 담아야 하는 대화적 상황에 놓인다. 정보 제공을 위한 연설과 관련하여 앞서 말한 <정보를 제공하는 연설>에서 논한 내용은 이런 상황에도 적용될 수 있다.

② 직장에서 효과적인 말하기 기법을 이용하라

이제 의사소통 과정이 우리가 하는 일에는 어떤 영향을 주는지 살펴보자. 영업사원, 관리자, 사무원, 부서장, 그룹의 리더, 교사, 성직자, 간호사, 경영자, 의사, 변호사, 회계사, 그리고 엔지니어로서 우리는 자신이 속해 있는 특별한 분야를 설명하고 전문적인 가르침을 줄 책임이 있다. 상사가 우리의 능력을 평가할 때는 명확하고 간결한 언어로 이런 가르침을 줄 수 있는 능력을 기준으로 활용할 때가 많다. 빠르게 생각하고 능숙하게 언어화하는 능력은 정보를 전하는 연설을 할 때 필요한 기술이지만, 이 기술이 결코 공식적인 연설에만 쓰이는 것은 아니다. 그것은 누구나 매일 일상적으로 사용할 수 있는 기술이다. 오늘날 업무상의 대화나 전문적인 성격의 담화에서 필요한 명확성은 최근에 산업, 정부, 전문 조직에서 급증한 구두 커뮤니케이션 강좌에 의해 그 중요성이 강조되고 있다.

3. 대중 앞에서 말할 기회를 찾아라

이 책의 원칙들을 일상적인 말하기 상황에서 이용할 때, 우리는 부수적으로 큰 이익을 얻을 수 있다. 하지만 대중 앞에서도 말할 수 있는 기회를 찾아야 한다. 어떻게 해야 할까? 어떤 형태의 것이든 대중연설이 자주 행해지는 클럽에 가입하는 방법이 그 하나이다. 소극적인 회원이나 단순한 방관자로 머물지 말라. 위원회 활동에 적극 기여하고 도움을 주어라. 이런 일들은 대부분 지원자가 부족하다. 프로그램 진행자가 되어보라. 이런 기회를 통해 당신은 지역사회의 유능한 연사들을 인터뷰하게 되고, 그러면 분명 소개연설을 해달라는 부탁을 받을 것이다.

가능한 빨리 20~30분짜리 연설을 연습해 보라. 이 책의 가르침을 길잡이 삼고, 소속된 클럽이나 조직에 당신이 연설할 준비가 되었음을 알려라. 그리고 당신이 사는 지역의 강연 단체에 서비스를 제공하라. 기금 모금 캠페인은 그들을 대변해 줄 자원봉사자를 찾고 있다. 그들은 연설을 준비하는데 요긴하게 쓰일 자료도 건네줄 것이다. 꽤 유명한 많은 연사들이 이런 식으로 시작했다. 그들 중에는 가히 최고의 반열에 오른 인물들도 있다. 예를 들어, 전국에서 강연 요청을 받는 라디오 및 TV 스타이자 연사인 샘 레븐슨을 보자. 그는 뉴욕의 고등학교 교사였지만, 부업 삼아 자신이 가장 잘 아는 주제, 가족, 친척, 그가 가르치는 학생들, 그리고 자신이 하는 일의 특별한 점에 대해 짤막한 연설을 했다. 머지않아 이런 이야기에 불이 붙기 시작했으며, 그는 곧 학교 일에 지장을 받을 정도로 수많은 단체에서 강연 요청을 받았다. 이쯤 되자 그는 방송국의 프로그램에 게스트로 출연했고, 머지않아 엔터테인먼트 세계에서 자신의 재능을 유감없이 발휘했다.

4 끈기가 있어야 한다

 프랑스어든 골프든 대중연설이든, 뭔가 새로운 것을 배울 때는 결코 꾸준하게 발전하지 않는다. 실력이 점진적으로 향상되지 않는 것이다. 그 대신 마치 파도를 타듯 어느 날 부쩍 실력이 늘었다가 갑자기 멈추곤 한다. 그 뒤엔 얼마간 정체 상태에 머물거나, 심지어는 오히려 퇴보하여 그때까지 쌓아놓았던 기반을 잃기도 한다. 심리학자들이라면 누구나 이런 정체, 혹은 퇴보의 시기에 대해 잘 알고 있다. 이른바 '학습곡선의 정체기'라는 것이다.

 화술을 배우는 학생들도 때로는 아마 몇 주간 이런 정체 상태에서 오도가도 못 하게 될지 모른다. 이때는 아무리 용을 써도 이 상태를 벗어날 수 없는 듯 보인다. 의지가 약한 사람들은 절망 속에 포기해 버린다. 하지만 투지가 강한 자들은 끈기 있게 버티며, 결국에는 어느 날 갑자기 거의 하룻밤 새에 그런 일이 어떻게 왜 일어났는지 알지도 못하면서 자신이 엄청나게 발전했음을 깨닫게 된다. 그들은 비행기처럼 정체 상태에서 솟구친다. 그들의 말에서 갑자기 자연스러움과 힘과 자신감이 배어나온다.

이 책 어디선가 지적했듯이 당신도 청중 앞에 선 순간 잠시 잠깐 얼마간의 두려움, 충격, 또는 신경성 불안을 경험할지 모른다. 무대 경험이 풍부한 최고의 음악가들도 그런 감정을 느낀다. 파데레프스키는 피아노 앞에 앉기 직전에 늘 불안하게 옷의 소맷부리를 만지작거렸다. 그러나 일단 연주를 시작하자마자 청중에 대한 모든 두려움은 뜨거운 8월 햇살에 쏘인 안개처럼 즉시 증발해 버렸다.

당신도 같은 경험을 할 수 있다. 포기하지만 않으면 첫 순간의 두려움을 비롯한 모든 것을 극복하게 될 것이다. 그것은 말 그대로 그저 첫 순간의 두려움일 뿐이다. 처음 몇 문장을 내뱉고 나면 자신을 통제할 수 있게 되며, 곧 아주 즐겁게 말할 수 있게 된다.

법을 공부하고 싶어 했던 한 청년이 링컨에게 조언을 구하는 편지를 보낸 적이 있는데, 그때 링컨은 이렇게 답장했다.

"만약 학생이 변호사가 되겠다는 의지가 확고하다면, 이미 절반은 일이 된 거나 다름없어요. ······학생 자신의 성공 의지가 다른 무엇보다 중요하다는 사실을 늘 잊지 말아요."

링컨은 알고 있었다. 자신이 직접 다 겪어보았기 때

문이다. 그가 받은 학교 교육은 평생을 통틀어 1년이 넘지 않았다. 책은 어떻게 구했을까? 집에서 반경 50마일 내의 지역은 어디든 걸어가서 빌릴 수 있는 책은 모조리 다 빌렸다고 한다. 오두막에는 보통 밤새도록 불을 피워두었는데, 그 불빛에 의지해서 책을 읽을 때도 있었다. 그리고 링컨은 종종 오두막의 통나무들 사이에 난 틈에 책을 끼워두곤 했다. 아침에 책을 읽을 수 있을 정도로 날이 밝아지면 곧바로 나뭇잎으로 만든 침대에서 몸을 굴려 눈을 비비고 그 책을 빼내 읽기 시작했다.

또 링컨은 20~30마일을 걸어 연사의 강연을 들으러 갔고, 집에 돌아온 후에는 들판이든 숲이든 식품점 앞에 모인 군중 앞에서든 장소를 가리지 않고 연습했다. 그리고 뉴 세일럼과 스프링필드에 있는 문학 클럽과 토론 클럽에 가입하여 그날의 주제에 대해 말하는 연습을 했다.

링컨은 여자들 앞에서는 숫기가 부족했다. 그래서 메리 토드에게 구애하던 시절에는 수줍어서 아무 말도 못하고 거실에 앉아 그녀의 말을 듣기만 했다. 하지만 그는 성실한 연습과 독학으로 당대의 가장 뛰어난 웅변가였던 더글러스 상원의원과 논쟁할 정도의 실력을 갖춘 연사로 성장했다. 그 뒤에 게티즈버그에서, 그리고 두 번째 취임식 연설에서 인류의 웅변 역사에 길이 남을 명연설을 남겼다.

링컨 자신의 불우했던 환경과 피나는 노력을 생각해 보면, 그가 이렇게 말한 것도 무리는 아니다.

"만약 학생이 변호사가 되겠다는 의지가 확고하다면, 이미 절반은 일이 된 거나 다름없어요."

백악관의 대통령 집무실에는 에이브러햄 링컨의 멋진 초상화가 걸려 있다. 시어도어 루스벨트는 이렇게 말했다.

"결정하기 어렵거나 복잡하고 처리하기 어려운 문제, 또는 권리와 이해관계가 상충되는 어떤 일이 있을 때, 나는 종종 링컨을 바라보며 그가 내 입장에 있다고 상상합니다. 만약 그가 나와 같은 처지에 있다면 어떻게 할까를 생각해 보는 거지요. 이상하게 들릴지 모르지만, 솔직히 그렇게 하면 문제에 대한 해결이 더 쉬워지는 듯했습니다."

루스벨트의 방식대로 해보는 건 어떤가? 실망하고 낙심하여 유능한 연사가 되기 위한 노력을 포기하고 싶은 생각이 들 때, 만약 링컨이라면 이런 상황에서 어떻게 했을까를 자문해 보는 것은 어떨까? 당신은 그가 어떻게 했을지 알고 있다. 또 그가 어떻게 했는지도 알고 있다. 미국 상원의원 선거에서 스티븐 A. 더글러스에게 패한 후에도 그는 지지자들에게 "백 번을 져도 절대 포기하지 말라."고 일갈했다.

5. 보답을 확신하라

할 수만 있다면 나는 당신이 윌리엄 제임스 교수의 다음 말을 머리에 각인시킬 때까지 이 책을 아침 식탁에 펼쳐놓게 하고 싶다.

> 어떤 분야가 됐든 어떤 젊은이도 자신이 받은 교육의 결과에 대해 불안을 느끼지 않게 하라. 일하는 매 시간마다 성실한 자세로 임한다면, 최종 결과에 대해서는 신경 쓰지 않아도 된다. 그는 틀림없이 어느 날 아침, 잠에서 깬 후 자신이 그가 선택한 분야에서는 자기 세대에서 꽤 알아주는 인물이 되어 있음을 발견하게 될 것이다.

이 유명한 윌리엄 제임스 교수의 말에 의지하여 이제 나도 한 마디 하고 싶다. 당신도 올바른 방법으로 꾸준히 연습한다면, 틀림없이 어느 날 아침, 잠에서 깬 후 당신이 사는 도시나 지역에서 자신이 꽤 알아주는 연사가 되어 있음을 발견하게 되리라고.

이 말이 너무 환상적으로 들릴지 모르지만, 그것은 하나의 원칙으로서 틀림없는 사실이다. 물론 예외도 있다. 사고방식과 인격이 열등하고 할 말이 전혀 없는 사람은 자기 지역의 알아주는 명사로 성장하지는 못할 것이다. 하지만 합리적인 한계 내에서 이 주장은 정확하다.

예를 들어보자. 전 뉴저지 주 주지사였던 스톡스 씨가 트렌턴에서 열린 우리 강좌의 종강 연회에 참석했다. 그는 그날 저녁에 자신이 들은 연설이 워싱턴의 상원과 하원에서 들은 연설들 못지않게 훌륭했다고 칭찬했다. 트렌턴에서 연설한 학생들은 몇 달 전만 해도 청중에 대한 두려움으로 입이 얼어붙었던 비즈니스맨들이었다. 그들은 발전 잠재력이 풍부한 키케로가 아니었고, 그저 미국의 여느 도시에서나 쉽게 만나볼 수 있는 전형적인 비즈니스맨들이었다. 그러나 그들은 어느 날 아침, 잠에서 깬 후 자신이 도시에서, 또는 아마 전국에서 꽤 유능한 연사가 되어 있음을 알게 되었다.

나는 자신감과 대중연설 능력을 키우려는, 말 그대로 수천 명의 사람들을 만났고 그들을 예의 주시했다. 성공한 사람들 중 보기 드문 재능을 타고난 이들은 정말 소수에 불과했다. 대부분은 우리 주변에서 흔하게 볼 수 있는 평범한 비즈니스맨들이었다. 하지만 그들은 꾸준히 노력했다. 개중에는 비교적 뛰어난 재능을 지녔음에도 낙심하거나 돈벌이에 너무 골몰하여 그다지 큰 진전을 보지 못한 경우도 있었다. 그러나 근성이 있고 목적이 뚜렷했던 보통의 개인들은 여행을 마친 후 산 정상에 올라 있었다.

이것은 지극히 인간적이고 자연스러운 일이다. 이런 일이야 비즈니스나 전문 직종의 세계에서도 늘 일어나지 않던가? 존 D. 록펠러는 사업에서 성공하기 위한 첫 번째 필수조건은 인내와 결국에는 보답이 있으리라는 확신이라고 말했다. 그것은 연설가로 성공하는데 필요한 제일 중요한 덕목 중 하나이기도 하다.

몇 년 전 여름, 나는 와일더 카이저(Wilder Kaiser)라는 오스트리아의 알프스 산 정상에 오르기 위해 길을 나섰다. 여행안내서는 그 등산 코스가 길이 매우 험하기 때문에 아마추어 등산가는 꼭 가이드를 동반해야 한다고 충고했다. 하지만 친구와 내게는 가이드가 없었고, 우리는 둘 다 아마추어들이었다. 그래서 누군가가 우리에게 과연 해낼 수 있겠느냐고 물었다.

"물론이죠." 우리가 대답했다.

"왜 그렇게 생각하죠?" 그가 물었다.

"다른 사람들도 가이드 없이 해냈습니다." 내가 대답했다.

"그래서 그게 상식을 크게 벗어난 일은 아니라고 생

각합니다. 저는 어떤 일이건 절대 패배를 생각하며 시작하지는 않습니다."

연설을 하든 에베레스트를 오르든, 무슨 일을 하든지 이런 생각으로 정신을 무장하는 것이 좋다.

내가 얼마나 성공하느냐는 대체로 내가 말을 하기 전에 어떤 생각을 하느냐에 의해 결정된다. 완벽하게 스스로를 통제하며 연설을 하고 있는 자신의 모습을 상상하라. 이것은 당신의 능력으로 쉽게 할 수 있는 일이다. 자신의 성공을 굳게 확신하라. 그러면 성공을 현실화하는데 필요한 일을 하게 될 것이다.

남북전쟁 중에 듀폰 제독은 찰스턴 항구에 포함을 진입시키지 않은 이유를 대여섯 가지 늘어놓았다. 설명을 다 들은 패러것 제독이 말했다.

"하지만 당신이 언급하지 않은 이유가 하나 더 있소."
"그게 뭐죠?" 듀폰 제독이 물었다.
"자신이 해낼 수 있다고 믿지 않았다는 겁니다."

우리 강좌를 들은 대부분의 수강생들이 교육을 통해 얻는 가장 큰 소득은 스스로에 대한 자신감과 스스로의 성취 능력에 대한 믿음이 높아진 것이다. 거의 어떤 일에서건 사람이 성공하는데 이보다 더 중요한 것이 무엇이겠는가!

에머슨은 "위대한 일 치고 열정 없이 성취된 것은 없다."고 말했다. 이 말은 단지 멋지게 표현된 경구 이상의 것이다. 그것은 성공을 향한 도로 지도이다.

윌리엄 라이언 펠프스는 아마 가장 사랑받고 가장 인기 있던 예일 대학 교수였을 것이다. 자신의 책 《가르치는 일의 흥분 *The Excitement of Teaching*》에서 그는 이렇게 말한다.

"나에게 있어서 가르치는 일은 하나의 기술이나 직업 이상의 것이다. 그것은 열정이다. 나는 화가가 그리기를 즐기고 가수가 노래하기를 즐기고 시인이 시 쓰기를 즐기듯이 가르치는 일을 사랑한다. 아침에 침대에서 일어나기 전 내 학생들을 생각하면 마음이 몹시 들뜨고 흥분된다."

자기 직업에 대한 열정으로 가득하고 자기 앞에 놓인 일에 대한 흥분으로 들떠 있는 교사가 성공하는 것이 뭐 그리 놀라운 일이겠는가? 빌리 펠프스가 자기 학생들에게 엄청난 영향을 준 것은 주로 가르치는 일에 쏟아 부은 사랑과 흥분과 열정을 통한 것이었다.

만약 당신이 더 효과적으로 말하는 법을 배우는 일에 열정을 보인다면, 앞에 놓인 장애물은 알아서 길을 비켜줄 것이다. 이것은 타인과 효과적으로 소통한다는 목적에 자신의 재능과 역량을 몽땅 집중시켜야 하는 일이다. 사람들의 주의를 휘어잡고 감정을 뒤흔들고 행동에 나서도록 그들을 자극할 수 있을 때 당신이 느끼게 될 자신감, 평정심, 자기통제감을 생각해 보라. 또 당신은 자기표현 능력이 다른 영역에서의 능력도 높여준다는 사실을 알게 될 것이다. 왜냐하면 효과적인 말하기 훈련은 일과 삶의 모든 영역에서 자신감에 이르는 왕도이기 때문이다.

데일 카네기 강좌를 가르치는 강사들을 지도하기 위한 교본에는 이런 글이 적혀 있다.

"자신이 청중의 시선을 사로잡고 교사의 칭찬과 같은 반 학생들의 박수를 받을 수 있다는 것을 알게 될 때, 학생들은 전에는 한 번도 경험한 적 없는 내면의 힘과 용기, 그리고 평정심을 갖게 된다. 그럼 어떤 일이 일어날까? 전에는 가능하다고 상상도 해본 적 없는 일을 시도하고 결국은 해낸다. 그들은 많은 사람 앞에서 말을 하고 싶어 입이 근질거릴 정도가 된다. 또 비즈니스나 전문적 활동, 그리고 공동체 활동에 적극적으로 참여하고 결국에는 리더가 된다."

앞의 여러 장에서 '리더십'이란 말이 자주 사용되었

다. 명확하고 강력하고 설득력 있는 표현력은 우리 사회에서 리더십의 증거로 받아들여진다. 이 표현력이 사적인 대화에서 공적인 발표에 이르는 리더의 모든 발언을 지배해야 한다. 이 책에 소개된 모든 원칙과 기술은 적절하게 적용할 경우 가족, 교회, 시민단체, 기업, 또는 정부에서 리더십 능력을 높이는데 크게 기여할 것이다.